Willi Ostermann

„En Kölle am Rhing …“

WILLI OSTERMANN

„En Kölle am Rhing…“

Eine Biographie von
Hans W. Krupp
neu herausgegeben von
Anne Krupp

Wienand

Zum Gedenken

Anne

Inhalt

Zwei Worte zuvor

Hans W. Krupp zur ersten Ausgabe

Leben und Werk Willi Ostermanns entziehen sich einer exakten und alles umfassenden Dokumentation, wie sie sonst in Biographien üblich ist. Dem umtriebigen Bohemien lag es nicht, wesentliche Lebens- oder Arbeitsdaten zu fixieren oder gar tiefgründige Gedanken über seine Pläne und ihre künstlerische Verwirklichung schriftlich festzuhalten. Nicht einmal bei Gesprächen im Freundeskreis mochte er sich auf eigene Ansichten festlegen, ob es sich nun um sein Schaffen handelte oder um gesellschaftspolitische Probleme.

In solch einem Fall sprechen Biographen wie Historiker von einer „schlechten Quellenlage"; und es bleibt dann nur der Versuch übrig, das zu beschreibende Menschenleben nach seinen von Zeitgenossen beobachteten und überlieferten Verhaltensweisen und vor allem aus dem hinterlassenen künstlerischen Werk zu deuten.

In seiner Haltung und Reaktion auf die Gesamtsituation seiner Zeit und die spezifisch örtlichen Gegebenheiten unterschied sich der Mensch Willi Ostermann kaum von den konfliktscheuen Mitmenschen des gleichen Bildungsgrades und seines (ursprünglichen) sozialen Standes. Was ihn aber aus der Masse heraushob, war die Fähigkeit, das Alltagsgeschehen intensiver erfassen und empfinden zu können, und dies eher sinnlich als rational. Dazu kam noch die seltene Gabe, solche Alltagserfahrungen, dramaturgisch genial, in Milieugeschichten einzubetten und wiederzugeben, und das fast ausschließlich mit den einfachen Mitteln der Mundart, die ja – wegen ihres mangelnden Vokabulars für abstrakte Begriffe – als Primitivsprache gilt. Gerade wegen ihres auf Alltagsbegriffe begrenzten Wortschatzes bietet sich aber dem Sprachkünstler die Möglichkeit, bildhafte Umschreibungen zu finden, die oft für sich allein schon rührend oder komisch sind.

Willi Ostermann beherrschte diese Kunst, die ihn aber keineswegs den Menschen seiner kleinbürgerlichen Umwelt entfremdete, sondern wegen des vertrauten Klangs des gemeinsamen – wenn auch unterschiedlich gebrauchten – Idioms noch näher brachte. Oder anders ausgedrückt: Sein

Publikum konnte sich mit den naiv-sinnlich reflektierten Wahrnehmungen Ostermanns leicht identifizieren. Dafür liebte es den kölschen Barden, und dieser revanchierte sich mit neuen Liedspäßen, wobei er bewußt vermied, den allgemeinen Anschauungen kraß entgegenzutreten, damit ihm die Gunst der harmoniebeflissenen Mitbürger erhalten blieb.

So spiegelt denn Ostermanns Werk Haltung und Meinung der Menschen seiner Zeit zuverlässiger, als viele gelehrte Analysen es vermögen. Wenn also der Mensch und Heimatdichter noch lange nach seinem Tod richtig verstanden werden soll, dann muß der Biograph das Zeitgeschehen skizzieren, das die Poesie des Volkssängers zu einigen – in unserer Zeit schwer begreiflichen – Anpassungsversuchen drängte.

Darum galt also mein Bemühen auch dem Ziel, am Beispiel der volkstümlichen, nie angefeindeten Person Ostermann darzulegen, daß man die meisten Menschen nicht aus den Erkenntnissen einer späteren Zeit heraus be- oder gar verurteilen sollte, sondern sie im Zusammenhang und unter dem Einfluß ihrer Zeit sehen muß.

Noch ein paar Worte zu den vorwiegend kölschen Liedzitaten: Die Orthographie ist – leider – sehr unterschiedlich, weil für Mundarten im allgemeinen nur die Regel gilt, sie phonetisch mit den Lautwerten des schriftsprachlichen Alphabets zu fixieren. Dabei kommt es oft zu orthographischen Abweichungen, weil Mundartschreiber die Lautwerte verschieden empfinden oder in Buchstaben ausdrücken. Willi Ostermann verließ sich meist auf sein sehr musikalisches Ohr und richtete sich im Zweifelsfall nach dem zur Jahrhundertwende erschienenen Wörterbuch von Fritz Hönig. Heute wird zumeist die Schreibweise des Germanisten und Sprachwissenschaftlers Prof. Adam Wrede bevorzugt, der im Jahre 1956 ein dreibändiges Standardwerk über die kölsche Mundart herausgebracht hat. So findet man also im vorliegenden Buch die heute noch aktuellen Ostermann-Texte in der Kölsch-Orthographie nach Wrede.

Jetzt also Willi Ostermann, dessen Todestag sich am 6. August 1986 zum 50. Mal jährt.

Köln, im Sommer 1986 Hans W. Krupp

Reinold Louis zur vorliegenden Ausgabe

Willi Ostermanns Kollegen aus der kölschen Musikszene hatten unter seiner Popularität schwer zu leiden. So gut sie auch waren: Ostermann, Texter, Melodienerfinder und Vortragender, hatte immer die Nase vorn. Wie kein zweiter schöpfte er die Themen für seine Lieder aus dem Volke. Er schnappte sie wie „e Luuschhöönche" mit dem „Ohr am Munde des Bürgers" auf und brachte sie überarbeitet wieder ins Volk zurück. In seinen Liedern erkannten sich viele Kölner wieder, und es soll Zeitgenossen gegeben haben, die böse darüber waren, daß Ostermann sie übersehen hatte.

Ostermanns Lied „Heimweh nach Köln" war einst in den entlegensten Schützengräben Synonym für Heimat und Familie, für Frieden und Hoffnung. Es gab Kraft auch denen, die der kölschen Sprache nicht mächtig waren, und die meisten, die „zo Fooß noh Kölle jonn" wollten, meinten in Wirklichkeit Berlin oder München, Hamburg oder Nürnberg, Buxtehude oder Posemuckel.

Willi Ostermann – der Name: Er ist für Kölner heute Markenzeichen für fast alles, was sich mit schwungvollen Liedern über Köln und den Rhein sowie humorvollen Milieuschilderungen verbindet.

Willi Ostermann – der Komponist: Seine Melodien sind bis auf den heutigen Tag Garant für jeden Kapellmeister, mit einem Potpourri Ostermannscher Lieder ein ermüdetes Sitzungspublikum zum Singen und Schunkeln zu bringen.

Willi Ostermann – der Texter: Der Name des Meisters fällt heute öfter denn je, wenn nach dem Autor eines erfolgreichen Kölner Liedes gefragt wird, obwohl in Wirklichkeit Ebeler, Hannemann oder irgend jemand sonst deren Urheber ist.

Willi Ostermann – der Sänger: Hätte er Gesanglehrer gehabt, sie wären sicherlich an seiner „Gesangskunst" verzweifelt und hätten ihren Beruf aufgegeben. Denn singen konnte Ostermann wirklich nicht. Dafür aber vortragen – und mit dieser seiner Art des „Singens" kam er an. Die Kölner merkten, daß auf der Bühne jemand stand, der mit den Inhalten seiner Lieder bestens vertraut war, sich damit identifizierte und zudem noch Spaß an kölscher „Uuzerei" hatte.

„Dr Ostermanns Will“ – es hätte nicht der Gedenkjahre bedurft, um an ihn zu erinnern. Denn Willi Ostermann ist in Köln – und darüber hinaus – allgegenwärtig: Viele seiner nachfolgenden Kollegen haben ihn in ihren Liedern verewigt, in der Kölner Altstadt erinnert ein Brunnen an ihn, seinen Namen trägt eine echt goldene Medaille, die alljährlich von einem hochkarätig besetzten Kuratorium an Persönlichkeiten vergeben wird, die sich um das Kölner Liedgut verdient gemacht haben. Im Kölner Straßenverzeichnis ist sein Name zu finden, und auf dem Rathausturm hat er seit dem 6. Mai 1995 zusammen mit 123 bedeutenden Kölnern aus zwei Jahrtausenden als Steinfigur einen dauerhaften Blick auf „sein“ Köln. Von dort wird er Zeuge der alljährlich zu seinen Füßen auf dem Alter Markt stattfindenden Feier zum Elften im Elften, mit der die nach ihm benannte und 1967 gegründete „Willi Ostermann-Gesellschaft Köln e.V.“ die neue Karnevalssession mit dem Kölner Oberbürgermeister und Tausenden Kölnern eröffnet.

Freuen wir uns, daß anläßlich seines 120. Geburtstags und 60. Todestags wieder eine Biographie Willi Ostermanns vorliegt. Sie ist eine überarbeitete und um neuere Daten erweiterte Fassung eines Buches, das Hans W. Krupp – vielen als „Schäng“ des Kölner Stadt-Anzeigers in lebhafter Erinnerung – vor zehn Jahren verfaßt hat. Krupp – auch Autor des von Dieter Hens mit den Bläck Fööss produzierten Films, der nach inzwischen sechzehn (!) Ausstrahlungen auch als „Kölsches Dinner for One“ bezeichnet wird – bringt Ostermanns Schaffen in zeit- und stadtgeschichtliche Zusammenhänge und läßt uns spüren, warum die Kölner ihren Willi Ostermann schon zu Lebzeiten verehrt und seine Lieder gefeiert haben. Damit wird dieses Buch zur feuilletonistisch aufbereiteten dokumentarischen Biographie, die gleichzeitig meine These stützt, daß der Kölner Karneval immer nur ein „Mäzen“ des kölnischen Volksliedes war und ist und daß unsere „kölschen Leedcher“ als „Sekundenzeiger der Geschichte“ ein wichtiger Bestandteil stadtkölnischer Kultur sind.

Köln, im November 1995 Reinold Louis

1914: Ein Rathauskurier zum Krätzjenssänger

Der preußische Militärveteran Franz Matthes legte noch einmal prüfend die Handkante an Nasenspitze und Dienstmütze, um sich zu überzeugen, daß die schwarz-weiß-rote Kokarde auch akkurat über der Mitte seines zerfurchten Antlitzes saß. Dann öffnete er das kleine Rathauspförtchen für „untere Bedienstete" und machte sich pflichteifrig, aber gemessenen Schrittes auf den Weg. Und während er die Gasse zum Alter Markt hinabstieg, prägte er sich nochmals die Adresse auf dem Kurierbrief ein: Zülpicher Straße 290, II. Stock!

„Alsu", überlegte er halblaut, „de Rundbahn vun he bes an de Herz-Jesu-Kirch, dann ömsteije op de Linije fuffzehn, bes Endstazijon Sülzburchstroß!"

Es war der erste Freitag im Oktober des Jahres 1914, und Franz Matthes trug eine Botschaft des Kölner Oberbürgermeisters Max Wallraf an den Bürger Wilhelm Ostermann bei sich. Der Rathausbote vermochte sich nicht so recht vorzustellen, was der oberste Bürger Kölns dem Krätzjenssänger Willi Ostermann Bedeutsames mitzuteilen habe. Aber vielleicht enthielt die Depesche ja eine jener geheimen Nachrichten, wie sie seit dem Mobilmachungstag am 2. August gar vielfach außerhalb des normalen Postweges herumgetragen worden waren.

Um so erstaunter war Matthes, als er den Adressaten am späten Vormittag erst mühsam aus dem Schlaf wecken mußte und dieser die Eilpost dann sogar achtlos beiseite legte, um den Boten zu fragen, ob er vielleicht einen Schabau[1] nehmen wolle für den naßkalten Rückweg. Mit kaum verhohlener Entrüstung lehnte Matthes diesen oder anderen Lohn für seine vaterländische Mission ab und verabschiedete sich stumm mit der Hand an der Mütze.

„War et wat Wichtijes, Wilhelm?" schallte eine Frauenstimme aus einem Winkel des Wohnungskorridors. „Ne Brief aus'm Rathaus," antwortete der Mann und bückte sich nach einem verlorengegangenen Pantoffel. „Villeich wollen die sich ja doch auf dr nächste Fastelovend einrichten. Aber

Cöln, den 1. Oktober 1914.

Sehr geehrter Herr Ostermann!

Daß Sie Jhre bewährte Muse jetzt auch in den Dienst des Krieges gestellt haben, hat mich lebhaft erfreut. Für die freundliche Zusendung Jhres volkstümlichen Liedes spreche ich meinen herzlichsten Dank aus.

Wallraf

Oberbürgermeister.

Herrn

Willi O s t e r m a n n

C ö l n - S ü l z

Das Original des Briefes von Oberbürgermeister Max Wallraf, den er im Oktober 1914 Willi Ostermann per Boten bringen ließ

wie soll mer wat Lustijes schreiben, wenn mer janit weiß, wat im nächste Frühjahr is?" „Du machs dat schon. Wilhelm ... Aber guck doch erst emal in der Brief erein!"

Heitere Muse im Kriegsdienst

Die Botschaft des Oberbürgermeisters Max Wallraf trug das Datum vom 1. Oktober 1914 und ließ keineswegs erkennen, ob man im Kölner Rathaus schon ein baldiges Ende des Krieges, der so erfolgreich begonnen hatte, prophezeien und somit den friedlich-fröhlichen Fortgang der alljährlichen Narretei garantieren sollte.

Aber immerhin hatte der Oberbürgermeister Wallraf es für richtig und wichtig befunden, eine patriotische Leistung des Mundartdichters Willi Ostermann zwar knapp, doch ausdrücklich zu loben, wie aus dem Text des Originals (siehe Seite 11) zu erlesen ist.

Einigen Menschen unserer Tage mag es wie blanker Hohn vorkommen, daß eine heitere Muse zu Töten, Sterben und Leiden bemüht und begrüßt wird. Aber weder der sehr zivile und kunstsinnige Max Wallraf noch der politisch uninteressierte, vielleicht gar unbedarfte Willi Ostermann können nach den Maßstäben unserer Zeit beurteilt werden. Beide waren in eine Epoche hineingeboren worden, in der der spät erwachte deutsche Nationalismus erschreckende Purzelbäume schlug. Der im Jahre 1871 gewonnene Feldzug gegen den „Erbfeind Frankreich" und die damit verbundene Gründung des Deutschen Reiches, dazu eine ungeahnte wirtschaftliche Blüte in der Hochzeit der Industrialisierung ließen die jahrhundertelang zerstrittenen deutschen Stämme in einen völkischen Taumel geraten. Und diese nationale Überheblichkeit drang im letzten Drittel des 19. Jahrhunderts so tief in das Bewußtsein der deutschen Staatsbürger ein, daß noch zwei Generationen später der Begriff der unüberwindbaren „Herrenrasse" geprägt werden konnte.

Allerdings war der Brief des Oberbürgermeisters Max Wallraf an Wilhelm Ostermann nicht unbedingt typisch für seine sonstige Haltung.

Hatte er doch in seiner politischen Karriere und vor allem in seiner bürgermeisterlichen Amtszeit seit 1907 durchaus zivile, menschenfreundliche Ziele zum Wohle seiner Vaterstadt Köln verfolgt.

Zum Beispiel die Eingemeindung der wichtigsten rechtsrheinischen Vororte Kalk, Vingst, Mülheim und Dellbrück, was durchaus keinen einseitigen Vorteil für den „Annektor" bedeutete, sondern auch für die soziale Struktur der von der industriellen Ausdehnung überrumpelten Ortsteile auf der „Schäl Sick" durchaus von Nutzen war.

Ferner trieb Wallraf den Bau der Hängebrücke zwischen der Kölner Altstadt und Deutz voran, und zwar gegen die Wünsche der preußischen Generäle, denen eine rein innerstädtische Straßenbrücke für die Bedürfnisse einer eventuellen „Westfront" nicht ausreichend erschien.

Oberbürgermeister Max Wallraf dankte dem Dichter Ostermann für das „Kölsche Zaldatelied"

Und in kulturell-gesellschaftlicher Hinsicht empfand der am 18. September 1859 in Köln geborene Max Wallraf nicht so sehr alldeutsch, sondern eher ein wenig lokalpatriotisch. Zu einer Zeit, als auch im „hilligen" Köln die Schickeria schon heftig preußisch berlinerte, setzte Wallraf sich dafür ein, daß der dazumal noch recht unbekannte Sprachwissenschaftler Adam Wrede mit finanzieller Hilfe aus dem mageren Stadtsäckel die Mundartforschung im engeren fränkisch-ripuarischen Sprachgebiet forcieren solle. Ziel sollte es sein, ein grundlegendes Kölsch-

Aus dem Nachlaß Willi Ostermann's:
Heimweh nach Köln
Lied im Volkston
Text und Musik von
Willi Ostermann
Willi Ostermann-Verlag, Köln

Wörterbuch zu erarbeiten, das dann freilich erst 45 Jahre später als dreibändiges Nachschlagewerk erscheinen konnte.[2]

Im Jahre 1913, als sich das Hauptinteresse der Menschen im Deutschen Reich des Kaisers Wilhelm II. auf große Politik und militärische Weltmacht richtete, rief Max Wallraf die kölschen Mitbürger auf, im Rahmen eines gutdotierten Wettbewerbs eine besondere Hymne auf die Domstadt am Rhein zu schreiben.

Damals war er sicher enttäuscht darüber, daß sich weder mit Geld noch für einen in Aussicht gestellten persönlichen Ruhm eine kölsche Hymne aus dem Boden stampfen ließ. Und Max Wallraf konnte dazumal nicht ahnen, daß gerade jener Willi Ostermann, dem er am 2. Oktober 1914 per Boten eine amtliche Belobigung für musische Verdienste im mörderischen Krieg zukommen ließ, eine Generation später, nämlich im Juli 1936, auf dem Sterbebett ein Lied schreiben würde, das – als ganz persönliche Huldigung an die Vaterstadt gedacht – einmal zur wahren Hymne werden würde. Nicht nach den Wertungspunkten einer hochmögenden Jury berechnet, sondern begeistert aufgenommen von Menschen, die so fühlten wie der Dichterkomponist:

Wann ich su an ming Heimat denke
un sin dr Dom su vör mir ston,
möch ich tirek op heim an schwenke,
ich möch zo Foß noh Kölle jon …

Allein dieser Refrain rührte nicht nur die Kölner an, sondern Menschen im gesamten deutschen Sprachraum, weil er genau das zum Ausdruck brachte, was Millionen Flüchtlinge, Entwurzelte und Soldaten anfangs der vierziger Jahre empfanden: Heimweh! Denn es war wieder Krieg, ein noch entsetzlicherer Krieg, als es jener gewesen war, zu dessen Beginn Willi Ostermann im allgemeinen Siegestaumel die Hurra-Verse geschmiedet hatte, die den Oberbürgermeister Max Wallraf im Oktober 1914 so „lebhaft erfreuten".

In den vierziger Jahren, also zu einer Zeit, in der die Völkerkundler immer noch über die korrekte Definition des „Volkslieds" stritten, durchlöcherten zwei sogenannte „Kunstlieder" die Diskussionsbasis: Das eine,

„Lili Marleen“ von Hans Leip und Norbert Schultze überwand Sprachgrenzen, Fronten, Ozeane und Niemandsland: Das „Kasernen-Laternen-Lied“ wurde von Soldaten aller am Zweiten Weltkrieg beteiligten Nationen gesungen. Und nur selten wurde es textlich parodiert, sondern auch auf der „anderen Seite“ zumeist in fast wortgetreuer Übersetzung wiedergegeben.

Diesen Weltstandard erreichte Willi Ostermanns „Heimweh nach Köln“ natürlich nicht, aber es wurde von allen Soldaten und Evakuierten des „Großdeutschen Reiches“, ungeachtet der für viele Zungen unnachahmbaren kölschen Mundart angenommen.

Und gegen Ende des Krieges wurde das „Heimwehlied“ gar zum Politikum: Der aus Krefeld stammende deutsche Propagandaminister Dr. Joseph Goebbels initiierte eine Wehrmachtsverordnung, derzufolge das „öffentliche Absingen“ des Liedes zu untersagen sei, weil es „die Kampfmoral der Truppe“ untergrabe.

Nach Ende des Zweiten Weltkrieges wurde das Soldatenlied „Lili Marleen“ zu einem Kult-Chanson, für den sich weder eine Marlene Dietrich noch eine Juliette Greco zu schade waren; es wanderte mit ihnen in die Konzertsäle und Plattensammlungen.

Ostermanns „Heimwehlied“ aber erkletterte den Rang des echten Volksliedes. Es erfüllte nämlich die Bedingung, die heute von Völkerkundlern gestellt wird: „... die freiwillige und lustvolle Verbreitung und Wiedergabe von gefällig vertonter Alltagslyrik durch Menschen, die nicht von profitorientierten Managern oder akustischen Medien manipuliert sind“.

Für die späteren Generationen, die über gesungene Sehnsuchts- und Heimwehgefühle nur noch vom Hörensagen wissen, ist Ostermanns „Ich möch zo Foß noh Kölle jon“ als Volkslied in die engere Heimat des Dichterkomponisten zurückgekehrt. Dafür steht der leicht singbare und in den Kriegsjahren alldeutsche Refrain nicht mehr allein da. Er ist wieder eingebunden in die dazugehörigen Verse, die ein Leben in Köln von der Wiege bis zur Bahre umspannen und Kölns Wahrzeichen stolz besingen: die „Muttersproch“, den mächtigen „schönen deutschen Strom“, den „Rhing“, und den Dom. Und selbst vom „Himmelspözje“ sieht Ostermann sich noch auf seine Vaterstadt herabblicken und mit Sehnsucht sagen „wie jän ich dich, mi Kölle, hatt.“ Unangefochten lebt das Lied bis heute als echt kölnische Hymne fort.

Dieses Lied, das Willi Ostermann, fast sechzigjährig, kurz vor seinem Tod schrieb, war das letzte in einer langen Reihe hervorragender Mileu-, aber auch Schlagerlieder, die ihn schon zu Lebzeiten zum beliebtesten und meistgedruckten Mundartdichter Kölns machten.

Peter Paul Rubens: Dieses seltsame Coellen ...

Streng genommen war Willi Ostermann gar kein echter Kölner, denn er wurde an einem Sonntag, dem 1. Oktober 1876, in Mülheim am Rhein geboren. Seine Eltern Peter und Gertrud waren zudem fernab der damals noch rudimentären Kölner Domtürme aufgewachsen.

Wenn also der spätere Mundartdichter und Stimmungssänger Willi Ostermann immer wieder als typischer Kölner beschworen wurde, dann muß diese Einordnung unabhängig sein von Erbanlagen und Geburtsort. Und daraus wiederum folgt, daß man die oft besungene, bisweilen auch beschrieene eigentümliche kölsche Gemütsart auch erwerben oder erlernen kann. Für diese Erklärung spricht die Tatsache, daß sich in der zweitausendjährigen Kölner Stadtgeschichte die meisten zugewanderten Neubürger nach spätestens einer halben Generation die kölsche Mentalität zueigen machten, gewollt oder ungewollt.

Der niederländische Maler Peter Paul Rubens, der im 16. Jahrhundert zehn Jahre seiner Kindheit in Köln verbrachte und auch später die Verbindung zu der Stadt am Mittelrhein über zahlreiche gute Freunde stets aufrechterhielt, soll einmal gesagt haben: „Es ist wie ein Bazillus, der jeden Menschen befällt, sobald er eines der Stadttore durchschreitet. Nur eine halbe Nacht in diesem Coellen – und du siehst das Leben und die Welt anders, leichter... wie mit den scheinbar trägen Wellen des Rheinstromes schwingend ...“

„Swinging Cologne“ – Willi Ostermann kannte weder die nachdenkliche Überlegung des Peter Paul Rubens noch die Slogans an der Schwelle zum dritten Jahrtausend. Wenn er den Geist und das Gemüt der in dieser Stadt lebenden Menschen in seiner Arbeit und in seinem Leben repräsentierte, dann war es wahrscheinlich unbewußt.

Ahnen und Eltern Ostermanns

Fünf Generationen lang hatten die väterlichen Ahnen des Willi Ostermann fest verwurzelt mit der westfälischen Erde bei Plettenberg im Sauerland den Boden beackert. In den Adelsbüchern des Geschlechtes Plettenberg-Schwarzenberg ist im Jahre 1680 ein Heinrich Ostermann als Pächter auf dem Lehnsgut Eiringhausen erstmals urkundlich vermerkt.

Bei aller bäurischen Seßhaftigkeit konnte allerdings die Landwirtschaft nicht alle Sprößlinge der Pächterfamilie Ostermann ernähren. Und so gab es in der Geschlechterfolge auch einige Berufsaußenseiter wie einen Köhler, einen Schmied oder einen Fuhrmann, die aber immerhin noch in der engeren Heimat ihre karge Existenz gestalten und erhalten konnten.

Erst der am 31. Mai 1838 in Eiringhausen geborene Peter Heinrich Ostermann erkannte bald die Zeichen der Zeit. Er entfernte sich langsam aber sicher, als Rottenarbeiter dem Verlauf der Bergisch-Märkischen Eisenbahn folgend, von seinem westfälischen Geburtsort in Richtung Südwesten.

Peter Heinrich war ein stiller, in sich gekehrter Mann, der sein Leben lang darüber im Zweifel blieb, ob er das Abenteuer mit dem modernistischen Dampfroß vor sich und seinen eventuellen Nachkommen überhaupt verantworten konnte. Nichtsdestoweniger machte er im Rahmen seiner Möglichkeiten Karriere und trug mit dreißig Jahren stolz und unbeirrt pflichtbewußt die Dienstmütze eines Weichenstellers in Mülheim am Rhein.

Zur Hochzeitsfeier eines Kollegen im bergischen Burscheid quasi abkommandiert, lernte er die damals zwanzigjährige Gertrud Paas kennen. „Es war Liebe auf den ersten Blick“, erzählte später die Mutter des inzwischen berühmt gewordenen Liederdichters Willi Ostermann immer wieder.

Vater Peter Heinrich Ostermann wurde 1838 in Westfalen geboren

Gertrud Paas, die Mutter Ostermanns, kam 1848 in Steinbüchel zur Welt

Das rheinisch-bergische Mädchen, das am 10. Januar 1848 auf einem kleinen Bauernhof in Steinbüchel (Regierungsbezirk Düsseldorf) geboren worden war, muß wohl den wortkargen Westfalen Peter Heinrich Ostermann bezaubert haben. Denn dieser kümmerte sich fortan nicht mehr nur um seine Karriere, sondern ebenso hartnäckig darum, die widerspenstigen Verwandten der Angebeteten von seiner soliden Seriosität zu überzeugen. Gab es doch zunächst erhebliche Vorbehalte in der streng katholischen Bauernfamilie Paas gegen den protestantisch-preußischen Eisenbahner, der zu allem „Unglück“ auch noch zehn Jahre älter war als die von ihm begehrte Braut. Nahezu zwei Jahre dauerte es, bis der ausdauernde Verehrer seine Gertrud am Mittwoch, dem 18. November 1870, in der Pfarrkirche St. Nikolaus in Steinbüchel zum Altar führen konnte. Am Tag zuvor hatte der Standesbeamte Herkenrath in Schlebusch die Heirat beurkundet.

Zu dieser Zeit war der deutsch-französische Krieg von 1870/71 noch in vollem Gange und durchaus nicht entschieden, obwohl der Ausgang der Schlacht von Sedan am 2. September 1870 das Ende des französischen Kai-

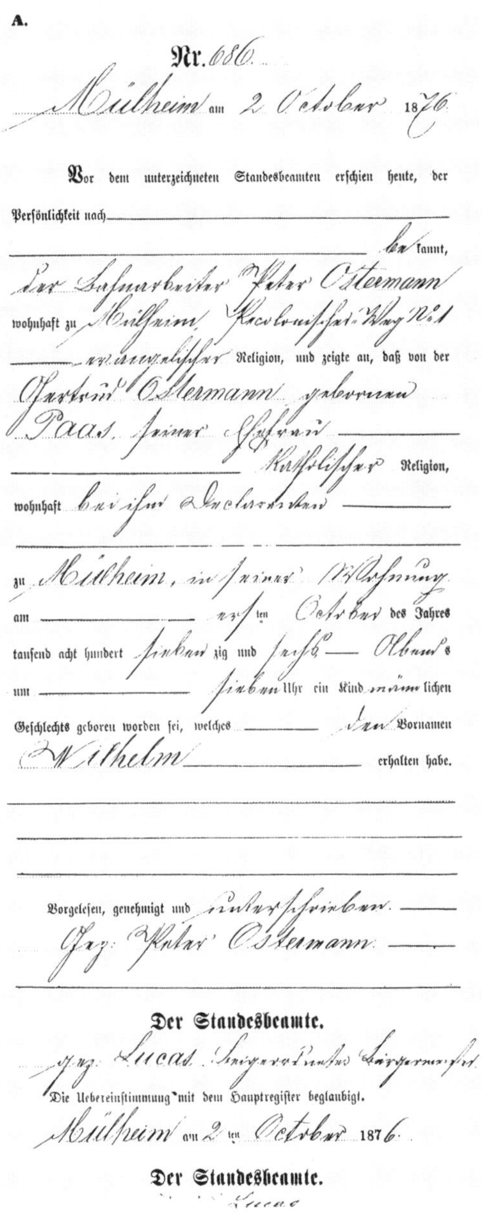

A.

Nr. 686.

Mülheim am 2 October 1876

Vor dem unterzeichneten Standesbeamten erschien heute, der Persönlichkeit nach bekannt, der Tagearbeiter Peter Ostermann wohnhaft zu Mülheim, [illegible] Weg No 1 evangelischer Religion, und zeigte an, daß von der Gertrud Ostermann geborene Paas, seiner Ehefrau katholischer Religion, wohnhaft bei ihm Declaranten zu Mülheim, in seiner Wohnung am ersten October des Jahres tausend acht hundert siebenzig und sechs Abends um sieben Uhr ein Kind männlichen Geschlechts geboren worden sei, welches den Vornamen Wilhelm erhalten habe.

Vorgelesen, genehmigt und unterschrieben.

gez: Peter Ostermann.

Der Standesbeamte.

gez. Lucas. Beigeordneter Bürgermeister.

Die Uebereinstimmung mit dem Hauptregister beglaubigt.

Mülheim am 2ten October 1876.

Der Standesbeamte.

Lucas

Die Geburtsregistereintragung Willi Ostermanns Nr. 686 vom 2. Oktober 1876 in Mülheim

serreiches besiegelt hatte. Die Euphorie in preußischen Landen hielt sich noch in Grenzen, entwickelte sich aber am Anfang des Jahres 1871 zu einem übersteigerten Nationalismus: nachdem nämlich die militärische Entscheidung gefallen, im Spiegelsaal zu Versailles das Deutsche Reich gegründet und der preußische König Wilhelm I. zum Kaiser ausgerufen worden war.

Die junge Familie Ostermann, die eine winzige Wohnung in der Peschgasse zu Mülheim bezogen hatte, blieb zunächst von der nationalen Begeisterung unberührt. Die Sorgen um die nackte Existenz wurden durch die Geburt des ersten Kindes Anna am 30. Juli 1871 gewiß nicht geringer. Als Frau Gertrud dann am 12. Mai 1874 ein Zwillingspaar zur Welt brachte, wurde das Mädchen auf den Vornamen der Mutter getauft, während der Sohn den – in den Familien Ostermann und Paas unüblichen – stolzen Kaisernamen Wilhelm erhielt.

Beide Zwillinge starben schon im ersten Lebensjahr. Aber an dem Namen „Wilhelm" hielt Vater Peter fest; denn als am 1. Oktober 1876 das vierte (und letzte) Kind der Ostermanns geboren wurde, entschieden sich die Eltern wieder für den Namen der Majestät. In der Taufakte allerdings gilt als Namenspatron der heilige Wilhelm von Aquitanien, der um 800 bei Montpellier das Benediktinerkloster Cellone stiftete.

1876: Der Sonntagsjunge Wilhelm wird geboren

Der kleine „Willi", wie er dann doch bald – entgegen den preußischen Gepflogenheiten – genannt wurde, wurde in einem Haus und einer Straße geboren, die es heute nicht einmal mehr in den Grundbuchakten gibt. Der Standesbeamte der Stadt Mülheim, bei dem Peter Ostermann am Montag, dem 2. Oktober 1876 erschien, um die Geburt seines Sonntagsjungen Wilhelm anzuzeigen, trug unter der Nummer 686 im Geburtsregister die fehlerhafte Adresse „Picolonischer Weg No. 1" ein. Es ist anzunehmen, daß es seit 1870 einige Irritationen in Amtsstuben gegeben hatte und der ehemalige Viehtriebsweg eigentlich „Pecolonischer Weg“ hieß, abgeleitet von dem lateinischen Wort „pecus“ (Vieh). Aus dem Schreibfehler „Picolonisch“, worunter sich die des Lateinischen unkundigen Amtsschreiber nichts vorstellen konnten, wurde dann in diesem Jahrhundert die geschichtsträchtige Bezeichnung „Piccolministraße“, nach dem Namen des Widersachers von Wallenstein, Ottavio Piccolomini.

Zwar gibt es heute noch eine Piccolministraße in der Nähe des eigentlichen Geburtsortes von Willi Ostermann. Der wirkliche Standort des Geburtshauses aber lag dort, wo heute der Mülheimer Ring verläuft.[3]

Nun, an dem befestigten Weg, der von Bauernhöfen zu Viehweiden führte, stand anfangs der siebziger Jahre des vorigen Jahrhunderts noch ein halbverfallenes, aber immerhin gemauertes Häuschen, das ehedem einer Ziegelei als Schreibstube gedient hatte. Die Bergisch-Märkische Eisenbahn hatte es angekauft, weil ihre Gleise unmittelbar daran vorbeiführten. 1875 stellte sie es ihrem Bediensteten Peter Ostermann zur Verfügung, und der baute sich das Mauergeviert zur bescheidenen Familienunterkunft aus. Ein Gemüsegärtchen, Ziegen- und Hühnerstall ergänzten die Bleibe zu einem „Anwesen“, um das Peter Ostermann zu jener Zeit von Kollegen und vielen Mitbürgern beneidet wurde.

Willi Ostermann kannte sein Geburtshaus nur aus Erzählungen seiner Mutter, die später in den städtischen Etagenwohnungen noch oft von dem idyllischen Häuschen am Bahndamm, mit dem – die Haushaltskasse entlastenden – Gemüseanbau und der Kleintierzucht schwärmte. Aber die Bahnarbeiter-Familien-Idylle fiel der Zivilisation zum Opfer, genau wie das Restaurant gegenüber, in dem die Mülheimer Schützen ihre Feste feierten und das ursprünglich ein gräfliches Jagdhaus gewesen war. Nur die Bahnlinie blieb – zum Glück für die Ostermanns, denn die Eisenbahn sicherte ihnen die karge Existenz. Freilich mußte die Familie schon im Jahre 1879 dem Fortschritt des Verkehrs folgen und sich in Deutz eine Wohnung suchen. Die Bergisch-Märkische verlegte nämlich damals ihren Endbahnhof an den rechtsrheinischen Kopf der Schiffbrücke, die seit dem Jahre 1822 Deutz mit Köln verband.

Die südliche Endstation der Bergisch-Märkischen Eisenbahn hatte bis dahin an der Stelle des heutigen Tanzbrunnens im Rheinpark gelegen.

Jetzt wurde die Strecke unter der 1859 eröffneten ersten festen Rheinbrücke (der Neuzeit), im Volksmund „Muusfall“ genannt, hindurchgeführt, und der Bahnhof im Jahre 1882 an jenem Platz in Betrieb genommen, wo heute das Lufthansa-Gebäude steht.

Das schmale weiße Haus in der Heribertusstraße 10 war der erste Wohnsitz der Ostermanns in Köln-Deutz

Die Deutzer Bürger protestierten damals heftig gegen den hochgebauten Bahnhof, der nicht nur den Blick nach Köln mit dem Dom verstellte, sondern auch die bauliche Entwicklung in Deutz stark behinderte. Das damals noch selbständige Städtchen Deutz war ohnehin durch die preußischen Festungsbauten, die angelegt worden waren, als Köln zu Frankreich gehört hatte (1794 - 1814), stark eingeengt worden. Und auch jetzt, im letzten Quartal des 19. Jahrhunderts, stieg die Zahl der preußischen Militärs, die samt Familien hier angesiedelt wurden, ständig, so daß Deutz mit etwa 15 000 Einwohnern aus allen Nähten platzte.

Mehr ein Militär-Ghetto denn eine Bürgeransiedlung war dann auch das Wohnumfeld der vierköpfigen Familie Ostermann, als sie im Jahre 1879 eine Wohnung in der Deutzer Kasemattenstraße bezog. Und so tauchen in den ersten Kindheitserinnerungen des kleinen Willi, wie er später oft erzählte, verschwommene Bilder auf von Uniformen, Kanonen, tristen Kasernen, Pferden und Blaskapellen. Besonders die Militärmusiker zu Pferde des Rheinischen Kürassier-Regiments No. 8 hatten es dem knapp Sechsjährigen angetan. Die Beschwingtheit der Reitermärsche und die fast artistisch anmutende Fähigkeit der Musikanten, selbst im ausgesessenen Trab ihre Blasinstrumente noch zu beherrschen, nötigten schon dem Knaben Willi Ostermann große Bewunderung ab. Regelmäßig folgten er und seine Deutzer Spielkameraden den ausrückenden Soldaten zu ihren Drill- und Übungsplätzen weit hinaus ins heutige Messegelände. Und zu dieser Zeit eignete sich Jung-Willi auch die kölsche Mundart an, die ihm bis dahin fremd geblieben war, weil daheim in der Familie nur ein Gemisch von westfälisch und niederrheinisch gefärbtem Schriftdeutsch gesprochen wurde.

1888: Die Ostermanns werden endlich Kölner

Kölner Bürger wurden die Ostermanns erst mit dem Datum der Eingemeindung von Deutz, genau am 1. April 1888. Willi Ostermann war damals schon elf Jahre alt. In der Schule freilich, die er seit fünf Jahren besuchte, galt er längst als echter kölscher Fetz. Denn immer wieder fielen

Zeitgenössischer Blick von Deutz nach Köln mit der Deutzer Schiffbrücke. Im Hintergrund der Kölner Dom noch ohne Türme

ihm lustige Jungenstreiche ein, die nach Grielächer-Art Lehrer und andere Achtung gebietende Mitmenschen zwar foppten, ihnen aber nicht wirklich weh tun konnten.

Der Schabernack allein füllte den Knaben allerdings nicht aus. Mit zwölf Jahren schon versuchte er sich an gereimten „Krätzjen“ (wörtlich: Rißchen, Schrämmchen; sinngemäß: lustige Verzällchen), die er bei Familienfesten in Deutzer Bürgerkreisen vortrug. Das älteste erhaltene Gedicht des Volksschülers Willi Ostermann hat ein Jugendfreund aufgeschrieben und somit der Nachwelt überliefert. Es glossiert die Vorliebe der Deutzer Bürger für Sauerbraten aus Pferdefleisch, der im linksrheinischen Köln, nämlich in der Gastwirtschaft Firmenich in der Großen Neugasse, besonders preiswert zu haben war:

För die Neujaßpiljer, Pferdefleischvertiljer
ist ein Ort hier wirklich inquisit.
Die trecke all zom Späßje en et „Pädchensjäßje“,
weil allein dä Name mät allt joden Appetit…

Dabei muß man wissen, daß damals die Pferdchengasse von der Siegburger Straße direkt zum Rhein in die Nähe der Schiffbrücke führte.

Puppenspieler und Theaterdirektor

Aber schon bald hatte der inzwischen Dreizehnjährige ein Schlüsselerlebnis. Er besuchte im Griechenmarktviertel ein Stockpuppentheater, in dem nach der Tradition des Kölner Hänneschen von nicht sichtbaren Theaterleuten geführte Stockpuppen in kölscher Umgebung und Mundart agierten. Schon kurz darauf präsentierte Willi Ostermann seinen Schulfreunden die ersten selbstgefertigten Puppen. Er hatte zerkleinertes, aufgeweichtes Zeitungspapier und Modellgips zu einem Brei verrührt und daraus lustige

Köpfe geformt, die er an der Luft trocknen ließ und dann bunt bemalte. Die Köpfe setzte er auf Stöcke, schneiderte mit Unterstützung seiner Mutter Gertrud phantasievolle kleine Gewänder und bewegte die Arme der Puppen mit Hilfe von Speichen aus alten Regenschirmen. Sobald er einige begeisterte Freunde als Mitspieler gewonnen hatte, verfaßte er kleine Possen und ernannte sich selbst zum Theaterdirektor, zumal er ja auch die Regie führte.

Nach einigen, Mitschüler und Lehrer glossierenden Theaterstückchen machte er sich daran, Parodien bekannter Schauspiele und Opern zu schreiben und auf seiner selbstgezimmerten Puppenbühne darzubieten. Mit diesem fröhlich-kreativen Hobby war der Junge Willi Ostermann so sehr beschäftigt, daß er kaum einen Gedanken daran verschwendete, wie seine berufliche Zukunft einmal aussehen könnte.

Bis Ostern 1891 drückte er die Bänke der katholischen Volksschule in der Freiheitsstraße (Deutzer Freiheit). Die nördliche Front des Schulgebäudes lag versteckt hinter dem Deutzer Rathaus, und gen Westen grenzte es an die Siegburger Straße. Bei der Errichtung der Hängebrücke im Jahre 1913 wurde die Schule abgerissen.

Aber bevor Willi Ostermann „de ahl Schull" verließ, hatte sich der pflichtbewußte und auf Existenzsicherung bedachte Vater Peter Ostermann schon lange überlegt, wie er seinem einzigen, allzu „verspielten" Sohn einen soliden Weg ins Leben weisen könne. Für den vom Bauernburschen über Rottenarbeit zum Weichensteller (mit Dienstmütze) aufgestiegenen Eisenbahnangestellten schien der Posten eines Lokomotivführers mit eventuellem Beamtenstatus ein Traumziel. Und der ernste Mann aus dem Westfalenland hatte sich auch informiert, wie ein hoffnungsvoller Jüngling dies erreichen könne. Nämlich über eine gründliche Schlosserlehre unter einem gestrengen Meister. Oder aber durch eine Elektrikerausbildung in einer besonders zukunftsträchtigen Technik. Schließlich hatte ja im Jahre 1879 der Erfinder Werner Siemens auf einer Berliner Messe die erste Elektro-Lokomotive vorgeführt ...

Sohn Willi fügte sich den Vorstellungen seines Vaters, obwohl er innerlich überhaupt keine Beziehung zu der harten Realität eines handwerklichen Berufes verspürte. Er tröstete sich damit, daß ihm für seine musischen („brotlosen") Ambitionen ja immer noch die Freizeit bliebe. Dennoch atmete er erst einmal auf, als der Papa trotz heißen Bemühens bei der Preußischen Artilleriewerkstatt in Deutz keinen Ausbildungsplatz für den Sprößling fand.

Vater Peter gab jedoch nicht auf, und so blieb dem Sohn nichts anderes übrig, als bald nach der Schulentlassung eine Lehrstelle bei einem Elektromeister in Deutz anzutreten. Aber der durchaus ernstgemeinte Einstieg in das Berufsleben geriet zu einem kurzen Gastspiel. Ostermann schrieb dazu später in einem selbstironischen Lebenslauf:

> *Nachdem ich die Schule, d. h. die Proletarier-Universität für allgemeine Volksbildung, absolviert und meine für meine Streiche mir zustehende „Knuuze" hinter mir hatte und just zur selben Zeit das Zeitalter der Elektrizität angebrochen war, wollte ich mich diesem Beruf in die Arme werfen, doch war zwischen mir und einem bekannten Meister der Kontakt sehr häufig unterbrochen; Gegensätze berührten sich, es gab Kurzschluß, ich machte kurz Schluß, wurde ausgeschaltet und die Elektrotechnik wurde um einen Jünger ärmer.*

Willi wußte, daß dieser „Kurzschluß" seinen Vater sehr enttäuschen würde, und so vertraute er sich erst einmal der Mutter an, die immer schon mehr Verständnis für seine musischen Interessen gehabt hatte. Sie brachte es auf ihre liebenswürdige Art dem besorgten Vater bei, kümmerte sich aber auch sofort darum, daß der wankelmütige Sohn bald in einer neuen Lehrstelle unterkam – diesmal allerdings nicht mit dem Traumziel Lokomotivführer, sondern in der schwarzen Kunst, dem Druckereigewerbe. So wechselte Willi Ostermann innerhalb von vierzehn Tagen aus einer Elektrowerkstatt in die Druckerei der Firma Diez und Baum, deren Betrieb sich auf der Freiheitsstraße in Deutz befand. Auch hierzu ein paar Sätze aus der fröhlich-unbekümmerten Autobiographie Ostermanns:

> *Dann wollte ich Künstler werden, d. h. Schwarzkünstler, ein sogenannter Jünger Gutenbergs. Gebracht habe ich es damals zum Galvanoplastiker und Stereotypeur. Trotzdem ich durch die Tüchtigkeit meines derzeitigen Meisters in diesem Berufe*

vollendet dastand, war mir dieser Typ auf die Dauer zu stereotyp, ich bekam einen anderen Tip und tippelte auf die Bretter, die die Welt bedeuten…

Tatsächlich hielt Ostermann seine Lehre mit viel Mühe und einiger Selbstüberwindung durch und legte nach drei Jahren die Gesellenprüfung ab. Mindestens in den Jahren 1895 bis 1896 war er noch einmal in dem erlernten Beruf tätig, und zwar bei der „Rheinischen Papierwaren-Fabrik Max Klestadt" in Köln – was durch ein erhaltenes Zeugnis belegt ist.

Das wohl einzige Ausbildungszeugnis Willi Ostermanns, ausgestellt von seiner Lehrstätte Rheinische Papierwarenfabrik Max Klestadt 1896

Seine erzählerische, poetische und humoristische Begabung aber ließ sich nicht einfach verschütten. Sie drang während seiner harten Lehrzeit immer wieder an die Oberfläche und zwang ihn quasi, sich auf diesem Gebiet zu produzieren. Gewiß trieb ihn auch die Bewunderung der Freunde für diese seine Fähigkeiten zu einer Art von eitler Selbstdarstellung. Es dürstete ihn nach Beifall und Anerkennung, die er in einem schlichten handwerklichen Beruf natürlich nicht erwarten konnte. So hatte er auch in seinen Lehrlingsjahren nie ganz vom Theater gelassen. Nach dem Puppenspiel während der Schulzeit fand er 1895 zu dem „Marianischen Jünglings-Verein", der ein Laienspieltheater unterhielt. Schon bald avancierte Willi Ostermann zum Direktor dieser Theatergruppe, die bei geselligen Veranstaltungen gastierte. Dabei stand Ostermann oftmals als Schauspieler auf der Bühne und führte auch meistens Regie. Für die Theaterpausen verfaßte er Gedichte und Lieder in kölscher Mundart. Er schrieb auch einen „Schwank mit Geflöt und Getriller" nach einem Motiv von Wilhelm Millowitsch senior mit dem Titel „Glückliche Flitterwochen".

Nach zwei, drei Jahren jedoch genügte ihm das Amateurtheater nicht mehr, vor allem, da er keinen Einfluß auf den Spielplan hatte. Und gerade die getroffene Auswahl der zu spielenden Stücke hielt er oft für verfehlt, weil er damals schon ein sicheres Gespür für den Zeitgeschmack der Zuschauer und Zuhörer hatte, dem er lieber dienen wollte, als beflissene Experimente in der Art eines Bildungstheaters zu machen.

Der Traum von der Bühne

Aber trotz der Enttäuschungen beim Laientheater und einigem Erfolg im erlernten handwerklichen Beruf, blieb es Willi Ostermanns Traum, sich auf den Thespisk-Karren aufzuschwingen – sei es als Vortragender auf der Bühne oder als Autor und Regisseur hinter den Kulissen.

Applaus und (meist trunkene) Bewunderung für seine geschickt vorgetragenen selbstverfaßten Knittelverse bei Geselligkeiten im Freundeskreis bestärkten ihn in der Zuversicht, daß er als Alleinunterhalter Chancen bei einer Brettl-Laufbahn hätte, die auch seine materielle Existenz sichern könnte. Man darf freilich bezweifeln, ob der junge Ostermann damals schon erkannte, wo exakt seine Begabung lag. Wahrscheinlich setzte er vornehmlich auf seine von Hemmungen freie Vortragskunst, die ihre Würze allerdings hauptsächlich von seinem schlagfertigen Witz und seiner Spontaneität bezog. Es lag ihm, örtliche Ereignisse und menschliche Eigenheiten treffend und darum erfolgreich zu glossieren, zumal die bespöttelten Tatsachen dem eingeweihten Auditorium geläufig waren.

Diese seine Späße auf Bierzeitungsniveau zeichneten sich besonders dadurch aus, daß „dä Fuss" (wie er wegen seiner rotblonden Haare genannt wurde) sich vorzüglich der kölschen Mundart bedient, die er ja nicht als eigentliche Muttersprache gelernt, sondern als durchaus fremdes Idiom in sich aufgesogen hatte. Möglicherweise hat er gerade deshalb eher als geborene Kölner erfühlt, daß diese in Jahrhunderten gewachsene Gebrauchssprache wegen ihres Mangels an abstrakten Begriffsbestimmungen häufig Umschreibungen in einfachen Worten erfordert, aus denen dann naiv-komische Sprachbilder entstehen können.

Im Gegensatz zum Jargon (der ja meist nur eine verschluderte Form der jeweils gültigen Schriftsprache ist) hat die Mundart grundsätzlich eine eigene Diktion und Phonetik, aber auch eine von der verwandten Hochsprache abweichende Grammatik, die sich vor allem in der Syntax (Satzbau) und in den Beugungsformen der Substantive und Verben in oft exotisch anmutenden Wörtern äußert.

Zudem ist die kölsche Mundart sehr vokalreich, weil die mund- und zungenfaulen Kölner die Anhäufung von Konsonanten in den korrekten Formen der hochdeutschen Grammatik lieber meiden. Darüber hinaus bevorzugt der Kölner auch in Erzählungen oder Schilderungen das Perfekt, weil das Imperfekt – wenn es im kölnischen Sprachschatz überhaupt vorhanden ist – meist nur unbequeme, konsonantenreiche Wortbildungen anbietet. Früher, heute seltener, wurde zur Bewältigung konsonantenreicher Vergangenheitsformen auch das Verb „tun" zu Hilfe genommen: „dann dät ich met dem Stina danze", „dä Papa deit juuze".

Sehr gern verwendet der Kölner (und das nicht nur in der Mundart) auch die Verlaufsform, zum Beispiel „et es am räne", „hä wor am esse", „ich wor jrad am schlofe gewäse".[4]

17 Jahre jung ist Ostermann auf seinem ersten Konterfei, das 1899 aufgenommen wurde. Kurz zuvor hatte er seinen ersten Erfolg mit dem Lied „Et Düxer Schötzefeß“

Natürlich lassen sich solche behäbigen Umschreibungen leichter in eine Sprachmelodie einbinden als ihre hochdeutschen Entsprechungen. Dies hatte Willi Ostermann mit seinem feinen Gespür für Harmonie längst erkannt und machte es sich - vielleicht ohne weiter darüber nachzudenken - zunutze. Begriffe der Metrik wie Versfuß, Versmaß, Zäsur oder syntaktische Gesetzmäßigkeiten waren dem Reimeschmied Willi Ostermann ohnehin fremd. Und wo am Anfang seiner poetischen Praxis sein Gefühl für Musikalität, Harmonie und Rhythmik nicht ganz ausreichte, nahm er vorhandene Melodietakte als Maß für seine Verse.

Auf diese Weise schrieb Willi Ostermann auch sein erstes Milieulied „Et Düxer Schötzefeß". Zunächst sammelte er fast penibel eigene Eindrücke von der großen rechtsrheinischen Pfarrkirmes, um sie dann mit seinem ungewöhnlich reichen kölschen Wortschatz in gängige oder auch ganz neue (und schon von daher komische) Formulierungen zu fassen. So entstand eine sehr anschauliche und lebensnahe Schilderung des „famosen Spektakels". Wie von einer Kamera aufgenommen, fing Ostermann mit einem szenischen Blick das Getümmel und die Atmosphäre in Zeilen ein wie: „‚Fräulein Berta' wink nem Ahl / schießen doch die Herrn einmal!" oder: „Wat, röf einer, jecken Ditz, / dat es us der ‚Jroße Spitz'". Waat, do schin-schang-schäle Kopp, / do kriß och ding Muul gestopp!" Und ein Schmunzeln verlangen einem die zwei heiseren „Tiröler" ab, die singen: „Auf der Alm, da gibt's ka Sünd."

Die Wortgruppen paßte er schließlich in das „Korsett" der vorhandenen (und schon allbekannten) Melodie von Paul Linckes „Jahrmarktsrummel". Diese Arbeitsweise hatte für Ostermann freilich den Nachteil, daß er auf einige Sprach-Bonmots ganz verzichten oder aber sie kupieren und verfälschen mußte. Das tat dem Wortkünstler weh, und darum zog er es auch später stets vor, die Melodie dem fertigen Text anzupassen. Er nahm zugunsten der Sprachbilder gelegentlich sogar kompositorische „Sünden" in Kauf, was allerdings fast ausschließlich für seine mundartlichen Erzähllieder galt.

Das Stück „Et Düxer Schötzefeß" war eigentlich noch eine Art „Mitgliedsbeitrag" für die St.-Sebastianus-Schützenbruderschaft, bei deren Vereinsfesten Ostermann regelmäßig auftrat, um „die Stimmung anzuheizen". Er bekam dafür eine Mini-Gage und ein paar Freikarten für Fahrgeschäfte und Schaustellerbuden auf dem in Deutz immer gut beschickten Rummelplatz.

Das eigentliche Erfolgsgeheimnis seines Liedes vom „Düxer Schötzefeß“ war aber der leicht singbare Refrain. Willi Ostermann hatte frühzeitig erkannt, daß die Rheinländer im Prinzip lieber mitmachen möchten als nur geduldig zuzuhören. Vor allem den Kölnern genügt es nicht, ihre Freude an Späßen oder über einen gelungenen musikalischen Vortrag durch angemessenes Händeklatschen auszudrücken. Und wenn ihnen vom Protagonisten ein eingängiger Refrain angeboten wird, dann fließt der akustische Jubel, der sich sonst im Bravo-Gejohle erschöpfen würde, gewissermaßen kanalisiert in die einfachen Verse und Tonfolgen des Liedrefrains. Auf diese Weise hatte der Refrain natürlich alle Chancen, zum Ohrwurm zu werden und damit das ganze Lied unabhängig vom Urheber über die Zeiten zu retten. So sind zumindest diese Zeilen in Köln zum Evergreen geworden:

Jo, nohm Düxer Schötzefeß, do loß mer jon,
wann de Lappe vun de Stivvele fleute jon.
Jo, om Düxer Schötzefeß, do es et schön,
do mät Freud un Spaß sich selvs de ältste Möhn!

Was man heute aus der Erfahrung leicht resümieren kann, das hatte Willi Ostermann schon im Jahre 1899 intuitiv erfaßt. Dennoch war er ziemlich überrascht, daß sein Kirmeslied sich über den nachbarschaftlichen Deutzer Freundeskreis hinaus fast von allein weiterverbreitete und er von nun an „Angkaschmangs“ in den rechtsrheinischen Nachbarorten wie Kalk und Mülheim und sogar in der linksrheinischen Metropole bekam. Zwar reichte es vorläufig noch nicht für echte Auftritte auf kommerziell bespielten Bühnenbrettern, aber immerhin für Vereinspodien in Wirtshaussälen. Das war gewiß weniger rühmlich, aber die Menschen in diesen Auditorien waren für Ostermanns kölsche Gesänge die besten Multiplikatoren. Oder anders ausgedrückt: Die naiv-fröhlichen Zuhörer bei den geselligen Vereinsfesten machten in ihrer Begeisterung das „Erlebte“ in der Öffentlichkeit nachdrücklicher bekannt, als es die eher distanzierten Besucher von Etikette- und Billett-Theatern vermocht hätten.

Ostermann (Mitte) mit dem Kabarettisten Otto Reutter (links), den er 1905 in Mainz kennengelernt hatte und mit dem er Zeit seines Lebens befreundet war

Dennoch strebte der „Entertainer" – wie man den jungen Ostermann heute nennen würde – weg vom „Vereinsjedöns" und hin zum Berufstheater. Schon bald nach seinem „Schötzefeß"-Erfolg ließ er sich in Greven's Kölner Adreßbuch als „Humorist" eintragen. Diese Berufsbezeichnung verabscheute er jedoch schon zehn Jahre später. In seinen Lehr- und Wanderjahren zwischen der Jahrhundertwende und dem Jahr 1907 erkannte er nämlich, daß sich hinter dem Etikett „Humorist" oft nur mäßig begabte Unterhalter verstecken, die sich damit begnügen, schale Witze mit übertriebener Gestikulation zu verkaufen.

1905: Von Otto Reutter ausgetrickst

Damals, in den ersten Jahren des neuen Jahrhunderts, tingelte Willi Ostermann also über die Dörfer und stand schon vor Begeisterung kopf, wenn eine zweitklassige Künstleragentur ihm auch einmal ein kleines Engagement weit außerhalb des Weichbildes von Köln vermittelte.

So kam er auch gelegentlich über die Grenzen der Rheinprovinz hinaus. Wenn nämlich in den protestantisch-preußisch regierten Rheinlanden vergnügungsfreie religiöse Feiertage begangen wurden, überstürzten sich im überwiegend katholischen Hessen oder in der Pfalz die Lustbarkeiten.

Beispielsweise wurde am Buß- und Bettag in der Mainzer Stadthalle regelmäßig ein großer lustiger Abend mit Spitzenkräften der deutschen Kleinkunst veranstaltet. Hier begegnete Willi Ostermann im Jahre 1905 erstmals dem Kabarettisten und Couplet-Dichtersänger Otto Reutter („In fünfzig Jahren ist alles vorbei"). Ostermann servierte damals auf der Bühne für 70 Mark Abendgage (ungekonnte) politische Satire, zum Beispiel: „Der Bülow ist eins siebzig groß, der Bismarck siebzig und eins. "

Reutter, der Star, kassierte 800 Mark für den Vortrag einiger Couplets. Nach der Vorstellung hängte sich Ostermann an den bereits etablierten, um sechs Jahre älteren Kollegen und akzeptierte dessen Bedingung, daß der „junge" Rheinländer die Getränke schmeißen und der Magdeburger das Essen bezahlen sollte. Bei der Abrechnung war Willi der Gelackmeierte. Er hatte nämlich einen edlen Rheinwein für 2,50 Mark bestellt, und Otto brauchte am Ende nur 80 Pfennig für vier Mainzer Handkäse zu berappen.

Immerhin konnte Ostermann von diesem Künstler-Abendmahl wohlfeilen Rat nach Hause tragen. Otto Reutter hatte ihm nämlich in seiner derb-offenherzigen Art klargemacht, daß es dem Rheinländer für die bühnenwirksame politische Satire doch noch gehörig an scharfzüngiger Spitzfindigkeit mangele.

„Du hast keenen Kopp for Jehirnfatzkereien", meinte Reutter. „Du bist 'n rheinischer Jemütsathlet. Guck die Leute aufs Maul und schreib deine Spottverse uff Plattkölsch; da biste jroßartich. Det kommt als Humor an, obwohl det ooch eene Art von Satire is – aber 'ne jemütliche ... Un wie wär's mit plattkölsche Couplets? Schon mal versucht?"

Es ist nicht überliefert, ob Willi Ostermann dem Kollegen Otto Reutter an jenem Abend in Mainz sein erstes Refrainlied „Düxer Schötzefeß" oder gar die wahrscheinlich schon fertigen Texte der köstlichen Milieulieder „Am Dude Jüdd" und „Kinddäuffeß" vorgelegt oder gar vorgetragen hat. Diese Lieder sind schon Varianten der ursprünglich französischen Form des Couplets, weil alle Verse sich auf nur ein Thema beschränken. Das Couplet im Verständnis von Otto Reutter wies thematisch verschiedene, zeitkritische, satirische oder auch pikante Verserzählungen in Strophen auf, die im jeweils gleichen Refrain ihre Pointe fanden.

Dem phantasiebegabten Erzähler Willi Ostermann aber lag es eher, in seinen Liedern naiv-komische Geschichten zum Besten zu geben, wobei er, dramaturgisch gekonnt, Spannung aufbaute, die sich dann beim Kehrreim mit einer witzigen Pointe („... dä Schmitz, dä laach sich half kapott"), einer Parole („Et Stina muß ene Mann han") oder gar einem gefühligen Motto („Och, wat wor dat fröher schön doch en Colonia") im befreienden Lachen löste.

Mit dieser Liedform einer durchgehenden Milieugeschichte, deren einzelne Erzählstrophen vom Refrain nicht getrennt, sondern verbunden wurden, wies Willi Ostermann dem kölschen Karnevalslied einen neuen Weg, auf dem die besten Schöpfungen dieser Art zu Volksliedern wurden. Selbst als Schlager konnten viele Lieder bestehen, weil sich ihre Refrains –

obwohl herausgelöst aus der Verserzählung – ohne Irritation verselbständigen ließen. So kann es nicht verwundern, daß viele Ostermann-Melodien Jahrzehnte überdauerten und auch über Köln hinaus zu musikalischen Evergreens gediehen.

Das weithin gerühmte, freilich auch oft belächelte rheinische Karnevals-Brauchtum aber verdankt dem „unechten" Kölner Willi Ostermann eine neue Qualität, die er im ersten Jahrzehnt des 20. Jahrhunderts mit seinen urtümlich kölschen Liedern schuf oder zumindest wiederentdeckte.

Fastelovend auf Abwegen

Von zeitgenössischen Chronisten wissen wir, daß der kölsche Fastelovend um die Jahrhundertwende – wie schon so oft in seiner langen Geschichte – in die Gefahr einer Identitätskrise geraten war. Das hatte mehrere Ursachen.

Ein wesentlicher Grund war politischer Art, was im Zusammenhang mit einem regionalen Brauchtum wie in Köln auf den ersten Blick seltsam erscheinen mag. Aber der seit der Reichsgründung im Jahre 1871 um sich greifende, fast rauschhafte deutsche Nationalismus hatte jetzt auch die Menschen Kölns erfaßt. Die einst so stolzen Bürger der Freien Reichsstadt am Rhein, die sich jahrhundertelang keinen Deut um irgendeine überregionale Nationalität geschert hatten, schielten nun zur kaiserlichen Reichsmetropole Berlin.

Vom Spree-Athen wehten seit der Jahrhundertwende neue Klänge weit über die Lande, auch bis in die Rheinprovinz. Die flotten Rhythmen im Marschtempo von Paul Lincke schienen von weltläufiger Modernität zu künden, und sie hatten einen Schwall von Tagesschlagern und Gassenhauern im Gefolge, deren musikalische Qualität weit geringer war als die der Originale von Lincke und später auch Walter Kollo.

Die Kölner Stadtbürger, die es immer weniger fertigbrachten, den preußisch-arroganten Spott von der „tiefen Provinz" einfach zu ignorieren, übernahmen kritiklos alle Berliner Modeschlager. Diese eroberten sich bald

So sah Willi Ostermann sich selbst am liebsten: als Freude spendender Stimmungssänger vor einem großen Publikum

auch im Karneval die Szene, wenn auch manchmal die keß-dümmlichen Texte in kölscher Mundart parodiert wurden, wobei sie jedoch kaum an Qualität gewannen. Viele dieser Lieder zielten plump unter die Gürtellinie, wovon sich die gehobene Bürgerschaft pikiert distanzierte. Damit drohte wieder einmal die Gefahr, daß sich das Karnevalsbrauchtum auf zwei sehr unterschiedlichen Ebenen fortentwickeln würde: auf einer „unteren“ mit derben Anzüglichkeiten, hemmungslosem Alkoholismus und daraus resultierender Zügellosigkeit und auf einer „oberen“ mit höfisch-eitlem Prunkgehabe, das sich mehr auf (oft auch käufliche) Exklusivität und Esprit de corps stützte als auf geistvollen Witz.

Einige ehrbare Bürger und akzeptable Hüter des Brauchtums hatten diese Gefahr erkannt, wie vordem schon die Erneuerer des Kölner Karnevals im Jahre 1823. Und so prägte der damalige Präsident des „Festkomitees Kölner Karneval“, Peter Prior, die beschwörende Parole „Von Zoten und von Knoten frei – die Narretei!“ Die „Knoten“ wurden später in der bis heute geltenden Parole weggelassen und verselbständigten sich in dem Motto „Allen Wohl und niemand Wehe!“

Willi Ostermann, der sich gerade anschickte, im Karneval Fuß zu fassen, bedurfte dieser ängstlich-moralischen Richtlinien nicht. Obwohl er – vor allem im fortgeschrittenen Lebensalter – derbe bis pornophile Sprüche und Verse meist spontan produzierte und im engen privaten Kreis auch interpretierte, war er in seinen für eine größere Öffentlichkeit geschriebenen Versen und Liedern mehr als zurückhaltend. Selbst in seinen derberen

Milieuliedern, bei denen sich Zweideutigkeiten geradezu anboten, verzichtete er darauf, und das, obwohl er wußte, daß grob-erotische Anspielungen äußerst publikumswirksam sein können.

Genauso konsequent mied Willi Ostermann auch jegliche politische oder gesellschaftskritische Äußerung, und das nicht nur in seinen Gedichten und Liedern, sondern auch im privaten Kreis. Dennoch konnte er spöttisch sein, allerdings nur, wenn es darum ging, die kleinen menschlichen Schwächen zu karikieren. Die Beispiele dafür suchte er nicht in Extremen, sondern er fand sie leicht in dem Normalverhalten des Homo sapiens coloniensis, also bei dem Mitmenschen seiner Gesellschaftsschicht. Das besagt gleichzeitig, daß er in all seinen Liedern nie verletzend nach oben oder unten pieken mochte. Ostermann ging mit seinem gutmütigen Spott nur so weit, daß ihm weder die naiven Zuhörer noch die spitzfindigen Intellektuellen böse sein konnten. Und dies war und blieb ein wesentlicher Bestandteil seines Erfolgsrezepts. Angefangen von den ersten kölschen Humorversen zu Ende des 19. Jahrhunderts bis zum „Heimwehlied" von 1936, das post mortem die kölsche Hymne werden sollte.

1907: Haupttreffer im Karneval

Die schlichte, aber gekonnte Machart verhalf auch seinem ersten, eigens für den Karneval geschriebenen Lied zu einem für damalige Zeiten sensationellen Erfolg.

Es war im Jahr 1907. Das Kleinbürgertum übte sich in Etikette und Konventionen, die vor allem von den gesellschaftlichen Aufsteigern zur Verhaltensnorm erhoben worden waren. Da konnte ein ganz privates Familienproblem, wenn es an die Öffentlichkeit geriet, leicht zum existenzgefährdenden Skandal hochgespielt werden. Schon eine räumliche Trennung von Ehepartnern konnte dem Ansehen der Betroffenen erheblich schaden.

In diesem Dunstkreis von konventionellem Gepräge mußte allein der Titel des Ostermannschen Liedes wie ein Tornado wirken. Aber dank der

Tatsache, daß es ja nur ein Beitrag zum humorig-fröhlichen Brauchtum sein sollte, löste sich der Schock im befreienden Gelächter auf, und alle stimmten begeistert in den titelgebenden Refrain ein: „Dem Schmitz sing Frau es durchjebrannt."

Die Pointe des Liedes besteht darin, daß der verlassene Ehemann keineswegs in grüblerische Depressionen oder ausschweifende Abenteuer verfällt, sondern sein Leben recht frohgemut und geordnet in nun kleinerem Maßstab weiterführt: „... hä kränk sich wie die and're nit, dä Schmitz Charakter hät." Er selbst stimmt in den Refrain ein, der in der ganzen Stadt „op eimol populär" ist:

Dem Schmitz sing Frau es durchjebrannt
tralle-ra-lala-lala
wohin, dat es noch unbekannt,
tralle-ra-lala-lala
Zick jestern Ovend es se fott,
tralle-ra-lala-lala
Dä Schmitz, dä laach sich half kapott,
tralle-ra-lala-lala.

So ist es also in diesem Lied der geprellte Ehemann, der als erster und auch zuletzt lacht, was es im literarischen Sinne zur gereimten Anekdote erhob, die sich auch ohne die Erzählstrophen verselbständigen konnte. Und genau dies ist die ideale Form für einen Schlager, der zum Evergreen werden kann und wegen seiner nicht zeitgebundenen Aussage Volkslied-Charakter hat: Das wurde auch durch die Tatsache bestätigt, daß ein Mundartlied gar die Grenzen des gesamten deutschen Sprachraums überwand und vor allem in Holland und in Rußland – korrekt übersetzt – viel Anklang fand. Ostermann hatte mit seiner pointierten Fabel (unbewußt?) allgemein menschliche Empfindungen angesprochen und somit das „Krätzjenslied" aus dem kölschen Milieu weit über Zeit und Ort hinausgehoben.

Dennoch darf man bezweifeln, ob dieser wichtige Anfangserfolg zustande gekommen wäre, wenn sich damals nicht zwei längst etablierte Brauchtums-Organisatoren für den (karnevals-)gesellschaftlichen Außenseiter interessiert hätten. Diese Männer waren der Karnevalist Münchrath,

Karnevals-Lied 1908
für Pianoforte.
"Däm Schmitz sing Frau eß durchgebrannt!"
Mit einem Marsch von
Emil Neumann
Kapellmeister
am Reichshallen-Theater.
Text und Trio
von
Willy Ostermann.
Alle Rechte vorbehalten!
(Reichs-Gesetz 19. Juni 1897.)
Eigentum des Verfassers.
Verlag: Curt Federau, Cöln,
Friedrich-Wilhelm-Strasse 1.
Druck von Fritz Elsner, Köln.

der auf die frühen Texte Willi Ostermanns aufmerksam wurde, und Josef Wingender, der in der Zeit von 1897 bis 1921 (mit einer Unterbrechung) achtzehn Jahre lang Präsident der „Großen Kölner Karnevalsgesellschaft" und in dieser Eigenschaft, alternierend mit den Präsidenten der „Großen KG", fünf Jahre Präsident des „Festkomitees Kölner Karneval" war.

Münchrath machte dem inzwischen dreißigjährigen Willi Ostermann Mut, es einmal mit einem neuartigen karnevalistischen Stimmungslied zu versuchen. Und der mächtige Komitee-Präsident Wingender bahnte dem in keinster Weise eingeweihten Dichtersänger einen Weg durch das Klüngelgestrüpp, das selbst die Brauchtums-Institutionen nach außen hin gesellschaftlich abgrenzte.

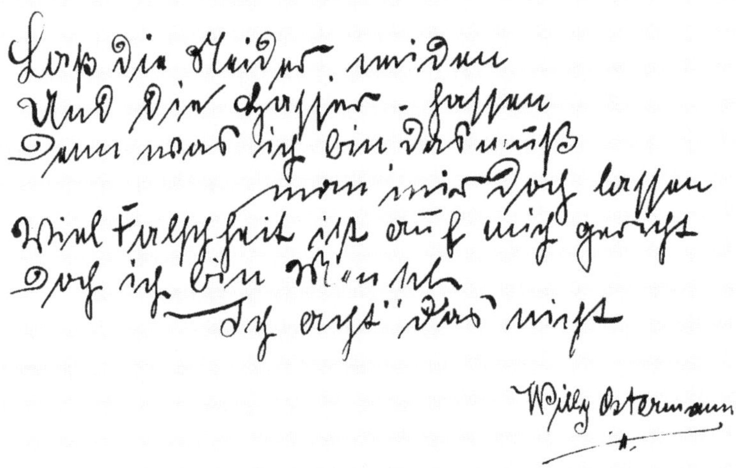
Laß die Neider neiden
Und die Hasser - hassen
Denn was ich bin, das muß
man mir doch lassen
Viel Falschheit ist auf mich gericht
Doch ich bin Mensch
Ich acht' das nicht
Willy Ostermann

Diese Handschrift Ostermanns stammt aus einer Kladde, in der er frühe Liedtexte, u.a. „Dem Schmitz sing Frau es durchjebrannt", niederschrieb. Die Zeilen sind den Liedern vorangestellt und können als Wahlspruch Ostermanns angesehen werden:

Laß die Neider neiden
und die Hasser hassen.
Denn was ich bin, das muß
man mir doch lassen.
Viel Falschheit ist auf mich gericht.
Doch ich bin Mensch,
Ich acht' das nicht.

Willi Ostermann

Dann freilich, als das Lied „Vum Schmitze Chrestian“ über die engen Zirkel der karnevalistischen Vereinsmeierei hinaus vom „gemeinen Volk“ begeistert aufgenommen worden war, mochten auch die katholischen Frömmler, für die mit dem kessen Text am Sakrament der Ehe gerüttelt wurde, nicht länger naserümpfend abseits stehen.

Der unerwartete Erfolg seines ersten Karnevalsliedes überraschte auch den Dichterkomponisten Willi Ostermann, obwohl er doch bis dahin keineswegs unter Minderwertigkeitskomplexen gelitten hatte. Es kam wie ein Rausch über ihn. Er glaubte, mehr leisten zu können als ein Sessionsschreiber, der einmal im Jahr ein oder zwei Karnevalslieder vorstellen durfte. Es war ihm zu wenig, nur während der kurzen närrischen Zeit im Rampenlicht der Großstadt zu stehen und dann wieder für zehn Monate als Dutzend-Humorist durch die Provinz zu tingeln.

Auszeichnung für den Heimatdichter

„Ich well mieh sin wie ’ne Fastelovendsjeck un ene ‚dreimol-Kölle-alaaf-Tünnes‘“, sagte Ostermann seinen engsten Freunden. Er beschloß auch sogleich, seine bisherige Berufsangabe „Humorist“ durch die anspruchsvollere Bezeichnung „Heimatdichter“ zu ersetzen. Und damit hatte er nicht einmal zu hoch gegriffen, denn knapp zwei Jahre später schon wurde ihm als erstem Kölner die eigens geschaffene „Goldene Fastenrath-Medaille“ für das beste Mundartlied verliehen. Diese Auszeichnung durch die „Große Kölner K.G.“ in einem neu initiierten Liederwettbewerb hob den Autodidakten Willi Ostermann objektiv über den Kreis der Freizeit-Reimer und karnevalistischen Krätzjenssänger hinaus, und er empfand es auch so. Sein Leben lang galt ihm die Fastenrath-Medaille als wertvollste Anerkennung seiner Arbeit.

An dieser Stelle scheint es angemessen, ein paar Worte über den Liederwettbewerb der „Großen Kölner K.G.“ einzustreuen. Ins Leben gerufen wurde er von Luise Fastenrath, geb. Goldmann, und zwar nach dem Tod ihres Mannes, des Hofrats Dr. Johannes Fastenrath. Dieser hatte sich Zeit seines Lebens aktiv für die Kultur in Köln eingesetzt, was seine Witwe wohl zur Stiftung der Medaille anregte.

Johannes Fastenrath war promovierter Jurist gewesen, hatte es aber vorgezogen, sich dem Studium der Literatur romanischer Sprachen zu widmen. Zusammen mit anderen prominenten Bürgern gründete Fastenrath im Mai 1893 die „Literarische Gesellschaft in Köln", die sich der Pflege und Förderung des deutschen Schrifttums widmen sollte. Zum fünften Jahrestag der Gründung stiftete Fastenrath 10 000 Goldmark als Grundkapital für die Prämierung eines Poeten oder Schriftstellers in einem alljährlichen Wettbewerb, den sogenannten „Kölner Blumenspielen". Das Vorbild für diese Veranstaltungen hatte der emsige Übersetzer spanischer Literatur in Barcelona gefunden, wo zu seiner Zeit die „Blumenspiele" (Jochs Florals) wiederaufgenommen worden waren, die auf einen fast 600 Jahre alten provenzalischen Brauch zurückgehen. Die „Kölner Blumenspiele" fanden erstmals am 1. Mai 1899 statt und boten von da an den festlichen Rahmen zu einem poetischen Wettstreit, bei dem alljährlich die drei besten Lyriker ausgezeichnet wurden.

Am 27. März 1908 starb Hofrat Fastenrath. Aus ihrem Erbteil stellte seine Frau Luise Fastenrath der „Großen Kölner K.G." einen größeren Geldbetrag zur Verfügung mit der Auflage, hieraus alljährlich die Durchführung eines Liederwettbewerbs zu finanzieren. Vorgesehen war, jeweils ein mundartliches und ein hochdeutsches Lied auszuzeichnen. Alle Liederdichter wurden aufgefordert, ihr(e) Lied(er) bei der „Großen Kölner" einzureichen.

Auch Willi Ostermann bewarb sich mit seinem neuen Sessionslied „Wä hätt dat vun der Tant jedaach!". Auf seine Schöpfung waren die Juroren – angeführt von Josef Wingender – nach seinem Erfolgslied von der durchgebrannten Frau des Herrn Schmitz besonders gespannt. Und wie beinahe schon erwartet, wurde sein Lied dann auch mit der „Goldenen Fastenrath-Medaille" ausgezeichnet.

Dabei hatte er die „Tant" durchaus für den Fastelovend geschrieben und das Lied folgerichtig bei einer Karnevalsveranstaltung uraufgeführt. Schließlich wollte er keineswegs auf die Auftrittsgagen und die Tantiemen

Hofrat Dr. Johannes Fastenrath, dessen Witwe Luise Fastenrath 1908 die „Goldene Fastenrath-Medaille“ stiftete

Der junge Karnevalist Ostermann war sich der Bedeutung der Auszeichnung wohl bewußt

verzichten, die ihm der Verkauf der Notenblätter und die Vergabe der Nachspielrechte in klingender Münze garantierten.

Ostermann nimmt in dem preisgekrönten Lied wiederum das soziale Phänomen der „üblen Nachrede“ auf, um es in anekdotenhafter Form sachte zu kritisieren. So beginnt der Liedtext äußerst skandalträchtig: Erzählt wird von „ener Tant“, die abends ihre Wohnung verläßt, um einen Besuch abzustatten, und dann erst „am andern Dach des Morjens fröh noh Huus“ kommt.

Mit diesen Sätzen ist der Skandal des Liedes jedoch eigentlich auch schon zu Ende, zumindest der Sache nach, wie die Geschichte weiter berichtet. Denn die arme Dame hatte einfach nur ihren Schlüssel vergessen und nach vergeblichen Versuchen, die Nachbarn zu wecken, die Nacht in Cafés und schließlich „em Wartesaal, om Bahnhoff, zweiter Klass“ verbracht. Die allgemeine Gerüchteküche jedoch wittert ein gefundenes Fressen und skandiert im Refrain:

Dem Präsidenten der
großen Kölner-Karnevalsgesellschaft
Herrn Josef Wingender
in Freundschaft gewidmet.
Wer hätt dat vun der Tant gedaach!
Karnevals-Lied 1909
von
WILLI OSTERMANN.
Verfasser von „Däm Schmitz sing Frau eß durchgebrannt."
Musik von EMIL PALM.
Für Klavier . . . M. –.75.
Für Orchester. M. 1.20.
Eigentum des Komponisten.
Nachdruck streng verboten.
Zu beziehen durch alle Musikalienhandlungen, sowie durch den
Verlag, Köln a/Rh. Hohestraße 20/22.

Wä hätt dat vun der Tant jedaach!
Denkt ens an! Denkt ens an!
Wo wor die bloß de janze Naach?
Denkt üch nor ens an!

Sollte Willi Ostermann vor der Auszeichnung noch Zweifel an seiner Fähigkeit gehabt haben, immer neue Erfolgslieder schreiben zu können, so waren diese jetzt völlig ausgeräumt. Er sah sich zwar immer noch lieber in der Rolle der Stimmungskanone, vor allem weil ihn der spontane Applaus seiner Zuhörer in anhaltende Euphorie versetzte. In diesem Taumel flogen ihm neue Liedideen zu. Deren (arbeitsintensive) Verwirklichung verschob er dann allerdings auf später, nämlich auf den Zeitpunkt, zu dem er sich wieder nach einem neuen Erfolgserlebnis sehnte. Genau dann brachte er die penible Disziplin auf, die aus der Emotion geborene Idee auch handwerklich sauber zum kleinen Kunstwerk zu formen.

So entstanden bis zum Jahre 1914 zwei Dutzend Lieder, von denen sechs Volkslied-Charakter hatten und immerhin drei sich – ganz ohne Unterstützung von Medien – nur durch mündliche Weitergabe als Evergreens erwiesen haben. Es waren die unnachahmlichen Milieulieder „Et Stina muß ene Mann han“ (1910), „De Wienands han nen Has em Pott“ (1912) und die – vor allem in Frankreich belachte – Liedstory „vum Schmitze Billa“, die sich mit einer unverhofften Geldzuwendung in (Bonn)-Poppelsdorf eine Villa kaufen konnte (1913)[5].

Übrigens erwies sich gerade bei diesen drei Erfolgsliedern, daß der Schlagerdichter auch durchaus das Ohr am Puls der Zeit hatte. Freilich begnügte er sich damit – im Gegensatz zu den engagierten Liedermachern im letzten Drittel des zwanzigsten Jahrhunderts –, ganz sachte, fast beiläufig gesellschaftliche und soziale Besonderheiten seiner Zeit zu glossieren. Da aber im extrem obrigkeitsorientierten Bürgertum kaum einmal Kritik am Staat oder an der Sozialpolitik laut wurde, fielen damals auch feinste ironische Töne auf, die freilich in Köln kaum etwas bewirkten und im fröhlichen Gelächter untergingen.

Willi Ostermann tat sich ganz im Anfang seiner poetischen Sturm- und Drangzeit noch sehr schwer, seine Lieder auch selbst in Töne zu setzen. Er war zwar durchaus nicht unmusikalisch, aber es fehlte ihm jede

kompositorische Ausbildung. Er konnte Noten weder lesen noch schreiben und spielte nicht einmal ein Instrument gut genug, als daß er seine musikalischen Einfälle hätte fixieren können. In der frühen Jugend hatte er wohl gelegentlich auf einer geliehenen Laute oder auch einer Mandoline geklimpert. Aber weil ihm das Geld fehlte, sich ein eigenes Instrument anzuschaffen, blieb keine Möglichkeit, sich in der Ausübung zu vervollkommnen. So paßte er sich in den ersten Dichterjahren der allgemeinen Gepflogenheit an, seine neuen Texte auf altbekannte Weisen zu schreiben. Gerade in Köln war es ja seit der Wiedergeburt des Karnevals im Jahre 1823 der Brauch gewesen, auf vorhandene Musikstücke (in der Hauptsache Märsche und Vereinslieder) alljährlich aktualisierte oder völlig neue Texte zu singen. Zu Beginn des 20. Jahrhunderts griff man auch gern auf moderne Operettenschlager zurück und kölschte sie textlich ein. So hat auch Ostermann sich gelegentlich beholfen.

Aber das litt auf die Dauer sein Ehrgeiz nicht. Und auch kalkulatorisch machte es eine Menge aus, wenn er Honorar, Gagen und Tantiemen für Text und Musik kassieren konnte, vor allem seit er seine Lieder im Eigenverlag herausbrachte.

Im übrigen waren mit der schreiberischen Routine Versmaß und Reime glatter geworden, so daß es ihm allmählich auch leichter fiel, musikalische Leitmotive zumindest für die wichtigen Refrains zu finden. „Mer muß de Rümcher lötsche künne – dann kütt die Musik janz vun selvs“[6], pflegte Ostermann zu sagen. Die musikalischen Ideen und Motive pfiff oder sang er dann befreundeten Musikern vor, die alsbald Arrangement und Instrumentierung besorgten.

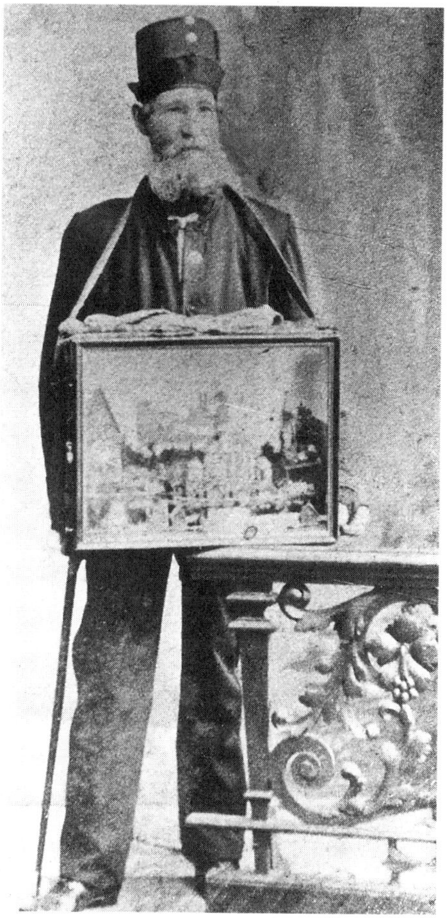

Der Urgroßvater von Käthe Palm war ein stadtbekanntes kölsches Original, genannt »Urjels-Palm«, hier als Greis mit einer Panoramabox

Manchmal wollte ihm aber auch partout zum richtigen Termin – und das war jeweils der Elfte im Elften – nichts einfallen; dann mußte er auf einen Teil der Tantiemen und kompositorischen Ehren verzichten und gelernte Musiker um Hilfe bitten. So auch 1910, als er den urkomischen Text von der sitzengebliebenen Stina Dänz geschrieben hatte, deren geplagte Eltern sich jede erdenkliche Mühe geben, das späte Mädchen unter die Haube zu bringen.

Diesmal half der Kapellmeister und spätere Filmkomponist Emil Palm („Regentropfen, die an dein Fenster klopfen“), den Willi Ostermann in einem kleinen Kölner Revuetheater, in dem er gelegentlich als Statist aufgetreten war, kennengelernt hatte.

So lernte Ostermann auch Käthe Palm, die Schwester seines Freundes Emil, kennen. Die Palms stammten aus einer alten Kölner Musikerfa-

Mit diesem Handzettel machte Emil Palm, der Komponist des Erfolgsschlagers „Regentropfen, die an dein Fenster klopfen ...“, auf eine Sendereihe im Rundfunk aufmerksam. Er ist mit einer original handschriftlichen Notenzeile Palms versehen

milie, und ihr Urgroßvater war das stadtbekannte Kölner Original Johann Joseph Palm, der am 28. April 1801 in der Kleinen Neugasse 7 geboren wurde und am 29. Januar 1882 Unter Krahnenbäumen 111 gestorben ist. Als „Urjels-Palm“ gehörte Johann Joseph Palm im 19. Jahrhundert bald 50 Jahre lang zur Kölner Altstadt-Szene.

Käthe Palm – Partnerin fürs Leben

Nach längerer Freundschaft heirateten die 26jährige Revuetänzerin Käthe Palm und Willi Ostermann am 13. Januar 1911. Die Hochzeit wurde im kleinsten Kreise gefeiert, weil der Liedersänger vorher schon einmal verheiratet gewesen war.

Und zwar hatte er am 18. Juni 1903 die im Jahre 1878 bei Witten (Westfalen) geborene Katharina Maria Striebeck geehelicht. Diese Verbindung war jedoch nicht von Bestand. Die junge Frau aus dem Ruhrgebiet konnte sich nicht damit abfinden, die meiste Zeit allein zu sein, weil Ehemann Willi auf Gastspielreisen war oder auch in Köln des Abends meist seinen beruflichen Verpflichtungen nachgehen mußte.

In der neuen Partnerschaft mit der aus dem Boheme-Milieu stammenden Käthe hatte Willi Ostermann hingegen alle Freiheiten, die er brauchte, um auf seinem künstlerischen Gebiet erfolgreich sein zu können. Er schrieb in den nächsten drei, vier Jahren sehr viel, warf manches in den Papierkorb, weil es seinen Ansprüchen nicht genügte, steckte aber auch einiges in Schubladen und Zettelkästen für eine eventuelle spätere Verwendung. Doch auch jetzt hielt es ihn nicht oft und lange am Schreibtisch oder im Verlagskontor. Er war häufig unterwegs auf Märkten, in den engen Gassen der Altstadtviertel und natürlich auch an Schanktheken und Stammtischen, um hier und dort Klatsch und Tratsch, kölsche Tön und Grieläche-reien aufzuschnappen. Und gerade die Texte aus seiner schöpferischsten Mundartzeit belegen fast in jeder Zeile, daß er dem kölschen Volk stets sehr aufmerksam aufs Maul geschaut hat.

Allerdings bevorzugte er bei seinen literarischen Skizzen die rein menschlichen, kleinen Alltagsereignisse aus dem lokalen Milieu. Die große Politik zum Beispiel, die in den letzten drei Jahren vor Beginn des Ersten Weltkrieges die Schlagzeilen in den Gazetten beherrschte und auch an den Biertischen lautstark verhackstückt wurde, ließ er außen vor. Zeitgenossen wußten zu erzählen, daß dem „Fuss“ sogar sein sonst so schneller Witz und manchmal gar beißender Spott abhanden kamen, wenn in bierdunstigen

Käthe Palm, geboren am 22. September 1885, stammte aus einer alten Kölner Musikerfamilie. Ihr Vater Franz war Musiker, Schwester Grete Sängerin, und Käthe war bis zur Heirat mit Ostermann Revuetänzerin

Kneipen über des deutschen Kaisers Flottengesetze oder die reichsdeutschen Hegemonialansprüche bramarbarsiert wurde.

Selbst die weltweite Hysterie über das Erscheinen des Halleyschen Kometen im Jahre 1910 fand keinen Niederschlag in seinen Liedern, gereimten Kommentaren oder gelegentlichen kabarettistischen Conférencen... Die problembewußten Krisenspürer unserer Tage würden Ostermann sicherlich als Heile-Welt-Gaukler abtun, wenn nicht gar verdammen.

Nun, ein gesellschaftspolitischer Scharfrichter im Stil seines Zeitgenossen Frank Wedekind war Ostermann gewiß nicht. Dazu fehlten ihm die intellektuellen Voraussetzungen und vor allem die Bereitschaft. Seine Scheu vor Konflikten ging so weit, daß er zeit seines Lebens stets bemüht war, allen möglichen Konfrontationen aus dem Wege zu gehen. Und wenn ihm dennoch Probleme begegneten, dann ignorierte oder verdrängte er sie.

1914: Krieg – der Schelm ist hilflos

Dies funktionierte so lange, bis jene Menschheits-Katastrophe eintrat, die den ganzen Erdball in Mitleidenschaft zog und auch im Mikrokosmos des Willi Ostermann alle Lebensbereiche berührte, wenn nicht gar entscheidend veränderte: der Erste Weltkrieg.

Obwohl auch der völlig unpolitische Willi Ostermann das schon lange währende „Kriegsgeschrei" an deutschen Biertischen keinesfalls hatte überhören können, zeigte er sich sehr betroffen, als es mit Beginn der Kampfhandlungen in den ersten Augusttagen 1914 wirklich Ernst wurde.

Ostermann, der „Ungediente", hatte nie irgendein Verhältnis zum Militär gehabt. Er fühlte sich weder zurückgesetzt noch abgestoßen, wenn etwa seine soldatischen Zeitgenossen, die ja zumeist auch keine eigene Kriegserfahrung hatten, mit Garnisonsliebschaften prahlten oder Kasernenhofplagen mit mannhaftem Stolz beklagten. Doch als sich während der

Willi Ostermann war kein Freund von militärischem Aufputz. Die einzige Uniform, die er je getragen hat, war die eines Herolds am Hofe seiner Tollität des Prinzen Karneval vor dem Gürzenich

Mobilmachung 1914 um ihn herum alles nur noch um uniformierte Männer, blumengeschmückte Gewehre und Abschiedstränen in fast freudig erregten Gesichtern drehte, da mag er sich zum erstenmal ausgeschlossen gefühlt haben.

Aus seinem „Abseits" hat er vielleicht schärfer beobachtet als die direkt Beteiligten. Und so beschreibt sein erstes Kriegsgedicht „Adjüs Schäng!" die aufmunternden Abschiedsworte einer Soldaten-Mutter, die ihrem Sohn quasi das Gewehr in die Hand drückt: „Kumm, leeve Schäng, jetz weed sich dren jescheck. / Mer han jetz allebeids jenoch jekresche." Als sie ihm das letzte Mal den Mantel abbürstet, scheint es fast gefühllos, wenn sie diese Geste kommentiert mit „villeich et letzte Mol, villeich och nit". Ostermann sagt es zwar nicht ausdrücklich in seinen Versen, aber er gibt unreflektiert weiter, daß damals manche Mütter ihre Angst und ihren Abschiedsschmerz zu übertünchen suchten. Dies geschah durch scheinbares Einverständnis mit der Situation oder sogar durch fanatisierende – man muß es ganz deutlich sagen! – Killerparolen, wenn auch im Text das Wort „töten" nicht vorkommt, sondern durch das mundartlich verharmlosende „kamesöle" (verprügeln) ersetzt wird.

Un hät jeklapp et dann met dä Kosacke,
hat kamesölt ehr sei dann samp Franzos,
un küß do heim, ding Mutter deit dich packe,
Dat jitt e Spill, die Freud die weed zo jroß.

Immerhin, für Thomas Liessem[7], der gleich nach dem Tode Willi Ostermanns ein Buch über „Leben und Wirken des rheinischen Volksliederdichters“ herausgab, blieb das Gedicht über den Abschied einer Mutter während der Mobilmachung 1914

> *... unvergessen: Welch mächtiger Glaube an die große deutsche Sache und welches tiefe Vertrauen auf die Stärke der deutschen Armee spricht aus diesen ergreifenden schlichten Worten.*

In der Wiederauflage des Buches nach dem Zweiten Weltkrieg allerdings fehlt diese Eloge Liessems auf den patriotischen Ostermann ebenso wie die Aussage: „... prächtig klingt (Ostermanns) Lob auf den ersten Ruhm des märchenhaften Zweiundvierzig-Zentimeter-Mörsers ...“

Tatsächlich hat Ostermann zwei gereimte Glossen auf das Kruppsche Festungsgeschütz geschrieben, dessen überschwere Granaten mit einem Kaliber von 42 Zentimetern schon in den ersten Tagen des Ersten Weltkriegs die belgische Festung Lüttich sturmreif zertrümmert hatten und das im Volksmund „Dicke Bertha“ genannt wurde (nach dem Vornamen der Ehefrau des Rüstungsfabrikanten Gustav Krupp von Bohlen und Halbach).

Von „prächtig klingendem Lob“ auf die mörderische Kanone kann aber in Ostermanns Versen kaum die Rede sein. Nur in einem einzigen Satz wird ihre kriegerische Wirkung erwähnt als „die Nummer, die en Lüttich zoehts hät opjerümp.“ Dennoch muß beim Dichter die (gedankenlose!) Akzeptanz der todbringenden Waffe vorausgesetzt werden, denn es ist aus den Versen auch keine Kritik an ihrem Einsatz herauszulesen. Im Grunde geht es in den Texten gar nicht um die Kruppsche Kanone und den Krieg, sondern witzelnd und wortspielerisch um ihre Wirkung in der Bevölkerung. So wird in „Die Nummer ‚Zweiunveezich‘“ ironisierend geschildert, wie die unreflektierte Begeisterung für diese Waffe den Ich-Erzähler dazu bringt, sein Leben in eben dieses Maß zu zwängen. Die Hausnummer muß nun möglichst eine 42 sein und die Hutnummer wird von 54 auf 42 reduziert, auch wenn zugegeben werden muß: „... dat dat nor e Hötche un keine Hot sin kann“, aber „wat huh om Kopp deit setze, dat jeit kei Minsch jet an.“

Ming Frau es sich am schnüre am Dach jetz öm de Wett,
denn Nummero „Zweiunveezich" well han se em Korsett.
Wann och die Stange kraache beim Andun, dat mät Spaß,
mer dun zo zwei Mann trecke, su lang, bes dat et paß.

Glücklicherweise hatten die Schuhe des 42er Apostels bereits vor dem Einsatz der „Dicken Bertha" eben jene Größe. Gerade dadurch, daß es sich in diesen Reimen um eine im Grunde ganz fehlgeleitete Solidaritätsbekundung handelt, erhalten sie ihren speziellen Witz.

Noch weiter entfernt von einer Glorifizierung des Mordinstruments sind die Verse „Eifersucht". In ihnen wird lediglich eine Marktszene wiedergegeben, in der eine Frau der anderen ihren Argwohn bezüglich dieser „Dicken Bertha", die sich ja nun laut Hörensagen unter den Soldaten aufhalten soll, beichtet. Kurzum, sie vertraut eben nicht ganz auf die Treue ihres Mannes. Mit einem leichten Triumphgefühl im Unterton kontert ihre Gesprächspartnerin:

„Mir mät dat," die Frau Kandis sät,
„kein Sorje - Jott sei Dank,
die kann su deck sin wie se well,
minge Heinrich schwärmp för schlank."

Ein zaghaftes Hurra des Heimatdichters

Nun, selbst der „militärische Blindgänger" Willi Ostermann war wohl in der allgemeinen deutschen Siegeseuphorie der ersten Kriegswochen 1914 so verfangen, daß er sich keine Gedanken machte über Schmerz und Tod und menschliches Leid in der bewaffneten Auseinandersetzung zwischen den Völkern. Wie sollte er auch? Weder in seinem sozialen Umfeld noch in seinem Metier gab es kritische Denkanstöße. Er hatte auch

Krieg und Unterhaltung gingen oftmals Hand in Hand. Das zeigt auch dieses Liedblatt Willi Ostermanns zu einer Musik, die er für eine Revue Otto Reutters im Metropol-Theater geschrieben hatte

kaum Gelegenheit, auf die wenigen Menschen zu treffen, die damals schon über die imperialistische Überspitzung des nationalstaatlichen Egoismus und seine mörderischen Folgen anders dachten als 90 Prozent des deutschen Volkes und die große Mehrheit der Europäer. Und so erlag auch Ostermann dem heute kaum noch vorstellbaren Hurra-Patriotismus, der durch tägliche Siegesmeldungen im Spätsommer 1914 ins Hysterische gesteigert wurde. Der in dieser „großen Zeit" so belanglose Stimmungssänger versuchte, sich der neuen Situation anzupassen, und schrieb ein Soldatenlied.

Genau dieses „Soldatenlied" hatte übrigens den damaligen Kölner Oberbürgermeister Max Wallraf „spontan" dazu veranlaßt, den Rathausboten Franz Matthes (siehe Kapitel 1) vom Alter Markt per Straßenbahn nach Sülz zu schicken, um dem Liederdichter Willi Ostermann schriftlich seine „lebhafte Freude" darüber kund zu tun, daß dieser seine „bewährte Muse in den Dienst des Krieges gestellt" habe.

Die puritanischen Prinzipienreiter in der Gesellschaftspolitik unserer Tage mögen Ostermann wegen des Soldatenliedes vielleicht als einen bedenklichen Opportunisten abtun. Wenn man aber die (offensichtlich ohne große Begeisterung) zusammengehauenen Reime genau liest, wird klar, daß der Verfasser jeder brutalen Gewalt abhold war. Zwar heißt es dort „Jetz heisch et schlage die,... die sich verjon an unserm Land" oder auch „dresche", aber nirgendwo ist von „töten" oder gar „ausmerzen" die Rede. Gewiß, es gibt in der kölschen Mundart für diese Verben auch keine adäquaten Vokabeln. Da wären dann nur die weitaus derberen Wörter wie „dutschlon" oder „kapottmaache" in Betracht gekommen. Die mochte aber ein sensibler Menschenfreund wie Ostermann offensichtlich beileibe nicht anwenden, im Gegensatz zu einer Menge anderer, pseudoliterarischer Kriegseinpeitscher im Europa des Ersten Weltkrieges, die lange nicht so pingelig waren wie er.

Kommen wir zu dem Lied zurück, dessen Weise übrigens nicht mehr aufzufinden ist. Es ist zweifellos das kriegerischste aus Ostermanns „vaterländischer" Dichterperiode. Und dennoch ist da nirgendwo vom Sieg um jeden Preis oder von Vernichtung des Gegners, von Ausrottung „minderwertiger" Menschen anderer Nationalität die Rede, nur (im Refrain) vom „Durchkommen", also Überleben deutscher Soldaten:

Denn mer sin Deutsche, mer han kein Furch,
deutsche Zaldate, die kumme durch!

Und – nach einem spärlichen „Hurra" am Schluß der zweiten Strophe, wendet sich der (beinah) kämpferische Dichter in der dritten den Hauptleidtragenden zu, den Frauen, die in der Heimat – damals noch weit hinter der Front – in der seelisch qualvolleren, passiven Angst- und Warteposition verharren mußten:

Kriesch nit mieh, Hätzje, kumm, jolde Schätzje,
stech an die Flint dä Blomestruuß!
Maach dir kein Sorje, hück udder morje
kumm ich mem Iesere Krütz noh Huus.

An genau diesem 2. Oktober 1914 aber, als Willi Ostermann für sein Kriegsgedicht obrigkeitliches Lob kassieren konnte, war der erhoffte schnelle Kriegstriumph über den „Erbfeind" Frankreich in der Marne-Schlacht schon verspielt. Weitere Staaten hatten den sogenannten Mittelmächten (Deutschland und Österreich-Ungarn) den Krieg erklärt, und ein langer, verlustreicher Stellungskrieg zeichnete sich ab.

Vom Beginn des Kriegsjahres 1915 an wurde der Soldatentod seiner Heldengloriole entkleidet. Das anonyme Sterben in den Schützengräben beiderseits der Hauptkampflinie wurde armseliger und schmutziger. Das wirkte sich natürlich auch auf die Menschen in der Heimat aus. Die Zeitungsschlagzeilen wurden kleiner, nichtssagender, die Siegestelegramme seltener. Nur die Verlustlisten gerieten länger, aber dies berührte eigentlich nur noch die direkt Betroffenen.

So wandte sich auch der Dichter Willi Ostermann mehr und mehr dem tristen Alltag der Daheimgebliebenen zu. Und die standen ja auch bald unter einem Appell: Die Kriegskasse mußte dringend aufgefüllt werden! Und wo man den Staatsbürger nicht mehr per Gesetz zur Ader lassen konnte, da war die Opferbereitschaft gefordert. So gab der Bürger „Gold für Eisen", indem er sogar die Eheringe auf dem Altar des Vaterlandes ablegte, damit der Staat mehr unedles Metall kaufen und zu Kanonen und Granaten verarbeiten lassen konnte. Und als der abgelieferte Familienschmuck nicht reichte, streckten die staatlichen Kriegsfinanziers ihre Saugrüssel in den privaten Geldumlauf.

In Köln wurde auf Anregung der einflußreichen Industriellenfamilie von Guilleaume ein überlebensgroßes hölzernes Standbild des kölschen Bauern vor dem Gürzenich aufgestellt. Gegen Geldspenden durften Kölner Bürger Nägel in die Wappenfigur einschlagen. Diese einträgliche Sammelaktion wurde alsbald in ganz Deutschland in ähnlichen Formen nachgeahmt. Willi Ostermann appellierte seinerzeit mit dem Mundartlied „Dä Kölsche Boor en Ieser" an den vaterländischen Opfersinn der Kölner:

Et es nit jedemein jejevve, met vörren an der Front zo sin;
doch jeder, dä derheim jeblevve, jitt wat hä kann met Freuden hin...
Su weed vum Volk zoräch gehaue e Standbild för de Iwichkeit,
wä noch nit schloch – dä muß sich zaue, denn jede Näl brengk winn'jer Leid.
Un wann dann ens noh hundert Johre beim Kölsche Boor bliev einer ston,
dä süht, wie deutsche Männer wore, wat deutsche Fraue han jedon!

Die wappenkölsche Holzstatue des Bauern, die plötzlich zur deutschpatriotischen Symbolfigur avanciert war, wurde zusammen mit Ostermanns trutzigem Spendenlied am Gürzenich vorgestellt. Der Stadt-Anzeiger der Kölnischen Zeitung vermerkte unter dem 26. Juli 1915: „... Nun aber kam doch erst der wichtigste Augenblick: Das neue Lied von Willi Ostermann. Der Kölner Männerchor trug es unter der Begleitung der (Regiments-)Kapelle der 59er vor, und den Kehrreim sangen bald alle Anwesenden mit. Wenn nicht unser aller Herz so voll Ernst wäre, dann hätte man die stürmische Huldigung, die dem Dichterkomponisten dargebracht wurde, Jubel nennen können."

Fürwahr, das ernst gestimmte Kölner Herz kann dennoch jubeln. Und mitten in das gespaltene Herz trifft das Lied vom „Kölsche Boor", der einerseits für den immerwährenden Lokalstolz der Stadtbürger steht und andererseits dem übergestülpten deutschen Vaterland bei Gelegenheit treu ist: zu Nutz und Frommen der Kriegskasse und auch Willi Ostermanns, der damit die Erinnerung an seinen Verlag für Mundart- und Stimmungslieder wach hält.

Die völlig vernagelte, fast vier Meter hohe, von Professor Wolfgang Wallner geschaffene Holzfigur des „Kölschen Boor en Ieser“ fand nach dem verlorenen Krieg keinen Platz mehr im öffentlichen Leben Kölns und verrottete fast in diversen Depots am Stadtrand. Erst siebzig Jahre nach ihrem vaterländischen Auftritt fand sie 1985 zumindest wieder museale Beachtung im Kölnischen Stadtmuseum.

Einen wahren Volksauflauf löste die Eröffnungsveranstaltung für den „Kölschen Boor“ am Gürzenich aus, dem man gegen eine Spende einen Nagel in seinen hölzernen Körper schlagen konnte

Ostermanns kleiner Ausflug in die Satire

Die schriftstellerische Fiktion ist Willi Ostermann weitgehend fremd geblieben. Im Gegensatz zu vielen anderen Mundartdichtern hat er sich zumeist an der Realität und am eigenen Erleben orientiert. Gerade darum sind seine kleinen Werke ein verläßlicher Spiegel ihrer Entstehungszeit. Dies freilich nur aus seiner Sicht, die sich allerdings meist mit der Anschauung der großen Mehrheit seiner Zeitgenossen deckte. Solche Zeitgenossen würde man heute vielleicht „schweigende“, also inaktive Mehrheit nennen. Aber das trifft weder auf die Mehrzahl der Menschen (oder auch Wahlbürger) der ersten Hälfte des 20. Jahrhundert zu, noch auf den Menschenfreund Willi Ostermann. Die Menschen damals waren durchaus nicht aus Gleichgültigkeit passiv, sondern weil ihnen mangels Bildung und Information die intellektuelle Übersicht fehlte.

Willi Ostermann hatte also 1914 aus der absoluten politischen Indifferenz mehr oder weniger überzeugend den Weg zur Nachempfindung des fanatischen Patriotismus gefunden. Aber schon der bald darauf folgende leise Übergang von der Siegeseuphorie zur nationalen Durchhaltestrategie ließ ihn wieder etwas klarer sehen: Seine Erfolgsschiene lief nicht über den lockeren Schotter der politischen Opportunität, sondern über die festgefügten Bohlen der soliden Volkstümlichkeit – im besten Sinne des Wortes. Er beschrieb oder glossierte also für den Rest des vaterländischen Krieges nur noch das in kölsch-mundgerechten Versen, was die Menschen seiner Umgebung auch miterlebten oder empfanden: die trunken-tumbe Stammtischstrategie der nationalistischen Fanatiker ebenso wie die in Krisenzeiten ganz besonders zutage tretende Not der Unterprivilegierten.

So ging er in der gereimten Glosse „Mir“ die Schwätzer an, die sich bei spektakulären nationalen Erfolgen gern mit jenen identifizierten, die, meist unter persönlichen Opfern, diese Erfolge errungen hatten. Mit einem stets vorangestellten „wir“ brüstet sich ein solcher „Schwadlappe“ mit den vermeintlichen Kriegsleistungen der anderen. Entblößend wird dann seine Begegnung mit einem Mädchen vom Roten Kreuz,

... dat hält dem Schwärmer vum Vaterland
bescheiden dohin die Büx.
Un dä, dä noch nie e Jewehr en der Hand,
sät einfach: „Ich jevve jetz nix."
Mer hät ere dr vill met su 'ner Manier,
woröm sagen die bloß immer „Mir"?

Diese satirische „Entgleisung" Ostermanns drang allerdings kaum durch. Dafür legte er sich wieder voll ins Geschirr, als es darum ging, eine „volkstümliche Kriegsküche" zu besingen, die von der städtischen Wohlfahrtsfürsorge organisiert worden war. Vom 27. Juli 1916 an fuhren sogenannte „Gulaschkanonen" vorwiegend durch die Arbeiterviertel Kölns und boten für 30 Pfennig ein Eintopfgericht an. Eine zwingende Notmaßnahme, um auch die Bürger bei (Kriegs-)Laune zu halten, die sich bei der blockadebedingten Nahrungsmittelverknappung mangels finanziellen Polsters nicht auf dem schwarzen Markt bedienen konnten. Und Ostermann dichtete: „... voll die Döppe ... bes zom Rand, zom Wohl für's Vaterland ..."

Diese Darstellung ist an sich ebenfalls Satire, war aber vom Urheber nicht satirisch gemeint. Das ganze Lied „Marie, schepp noch jet mieh" macht eher den Eindruck, als ob es – in heutigen Begriffen ausgedrückt – von einem Public-Relations-Team im Auftrag der Regierung gesponsert worden wäre:

Nä, wat es dat fein, zwesche zwölf un ein
kütt un schleit Alarm minge neue Schwarm,
Marie heisch dä Stern, e Pößje hochmodern
hät it bei der Stadt – et mät die Minsche satt.
...
England kritt uns nie klein; wann et Marie
uns schepp feste us, sin mer fein erus.

Tja, auch das ist Ostermann – im Jahre 1916. Dennoch ist so manches Negativurteil eines „Spätergeborenen" über ihn vorschnell und nicht unbedingt berechtigt. Selbst wenn Ostermann und seine gleichgesinnten

Zeitgenossen den gefährlichen Hochmut der Herrscher und die Finessen der Subalternen erkannt und durchschaut hätten, die öffentliche Verbreitung dieser Einsichten wäre kraft Gesetzes verfolgt worden und, was dazumal noch schwerer wog, sie wären von der Mehrzahl ihrer Mitbürger kaum verstanden, geschweige denn akzeptiert worden.

So begnügte sich der Kölner Heimatdichter damit, die vom unmenschlichen Krieg gepeinigten Menschen in der Heimat und an der Front aufzuheitern. Er schrieb fürderhin „lustige Gedichte" über kriegsbedingte Situationen und Ereignisse, die nichts, aber auch gar nichts über Sinn oder Unsinn des großen Leidens und Sterbens aussagten und so kaum Anstoß erregen konnten.

So zum Beispiel die Scherzverse „Vorsich" von der „anrüchigen" Feldpost im Westen. Die Szene spielt im Kriegsgraben, und da der Feind gerade keine Aufmerksamkeit fordert, nimmt der Soldat „Hubät" die Gelegenheit wahr und packt sein Heimatpaket aus. In ihm entdeckt er einen Limburger Käse, den er auch sofort freudig auswickelt. Entsetzt über diesen Leichtsinn, wird er von seinem Nachbarn zurechtgewiesen:

„Wat mäste för Saache – do leever Jott!
Die Engländer merke dä Brode,
sach, dun bloß dä Limburjer Kies widder fott,
do deis jo de Stellung verrode!"

Bei der Reim-Geschichte „Barbare!" unterläuft Ostermann jedoch eigentlich ein Eigentor, oder, um im Vokabular der Armee zu bleiben: ein Rohrkrepierer. In dieser wahrlich „lausigen" Erzählung harren fünf Tierchen in dem Tornister eines deutschen Soldaten aus und beklagen dessen peinliche Sauberkeit und Pülverchen, denen schon 295 ihrer Artgenossen zum Opfer gefallen sind. Mit Wehmut denken sie an ihr paradiesisches Leben auf einem russischen Soldaten zurück. Eine Laus zieht dann das von Ostermann wohl etwas unbedachte Fazit:

Dä Deutsche bruch allerhand Waffe,
dä es für et Morde – ejal, wat et es,
för Brutalität wie jeschaffe.

Elegant und dennoch volksverbunden, so erlebte man den Liedersänger Ostermann stets auf der Bühne

Am Ende aber wären alle diese dichterischen Kriegsaktivitäten Willi Ostermanns in Vergessenheit geraten, wenn nicht sein Freund Thomas Liessem sie aus dem Nachlaß gefischt hätte. Er wollte nämlich schon wenige Wochen nach dem Tod des Verfassers ein Gedenkbuch über „Leben und Wirken des rheinischen Volksliederdichters" herausgeben. Und weil man zu jener Zeit (Herbst 1936) für die Herausgabe eines Buches vor allem das Wohlwollen der alles kontrollierenden Nationalsozialisten brauchte, lieferte er ein Manuskript ab, das den militaristischen Heimatbrauchtümlern von der Gauschrifttumskammer gut ins Konzept paßte.

So kam es in der ersten Biographie des Mundartdichters von Thomas Liessem zu solchen „Würdigungen" wie: (Zitat) „Zur Erhöhung des Opfermutes in der Heimat hat Ostermann durch seine dichterische Kunst erheblich beigetragen". Oder:

> *Unvergängliche Verdienste hat sich Willi Ostermann während des Krieges (gemeint ist der erste Weltkrieg) durch die Erheiterung der im Felde stehenden deutschen Menschen erworben. Unzählige frohe Lieder und Gedichte hat er für sie verfaßt; in Hunderttausenden von Exemplaren an die Front gesandt oder in den Feld- und Kriegstheatern selbst vorgetragen. Wenn Willi Ostermann auch nicht mit der Waffe in der Hand dem Vaterlande dienen konnte, so hat doch auch seine Tätigkeit mit dazu beigetragen, daß das deutsche Volk vier lange Jahre einer gewaltigen Übermacht getrotzt hat...*

Immerhin war der Verfasser dieser patriotischen Sprüche so konsequent, sie auch in der zweiten Auflage seines Ostermann-Buches im Jahre 1958 – also viele Jahre nach dem Zweiten Weltkrieg – wieder drucken zu lassen.

Für alle Bewunderer der Ostermannschen Poesie, die den Mundartdichter nicht persönlich kannten, bleibt nun die Frage offen, ob es wirklich Ostermanns Absicht war, „seine Muse in den Dienst des Krieges" zu stellen, und er gezielte Durchhalteparolen liefern wollte, oder ob seine „Kriegspoesie" eher eine nicht recht durchdachte Darstellung des Zeitgeschehens war.

Die letzten „Kriegsgedichte“ Ostermanns (seit Ende 1916) lassen eher vermuten, daß ihm die Alternative „Sieg oder Untergang“ fremd war, daß er vielmehr das Ende der nationalistisch verbrämten Gewaltanwendung auf allen Seiten herbeiwünschte. „Och, wör doch bloß dä Kreech am Engk“ war der Titel eines Liedes, worin er freilich nur kriegsbedingte Alltagsbeschwernisse beklagte, soweit sie in den Rahmen einer oberflächlichen Glosse paßten.

1918: Auch der Dichter steht im Regen

Als nach dem verlorenen Krieg die Siegermächte auf unbestimmte Zeit das linke Rheinufer mit Brückenköpfen in Köln, Koblenz und Mainz besetzten, da wurde auch dem letzten Ignoranten klar, daß man nicht einfach wieder da anfangen konnte, wo man im August 1914 aufgehört hatte.

Die in strenger preußischer Disziplin von der Westfront durch die Domstadt abziehenden deutschen Truppen hatten kaum die Rheinbrücken passiert, da marschierte am Morgen des 6. Dezember 1918 schon die Vorhut der britischen Besatzungssoldaten durch das Hahnentor in Köln ein.

Fast genau einen Monat vorher, am 7. November, hatte sich die Revolution buchstäblich im Kölner Rathaus verlaufen. Zunächst verstand es die örtliche sozialdemokratische Streikleitung unter Führung des SPD-Stadtverordneten Wilhelm Sollmann, Ausschreitungen und Plünderungen zu verhindern. Der seit 1917 im Amt befindliche Kölner Oberbürgermeister Dr. Konrad Adenauer[8] vermied Konflikte, indem er die „Arbeiter- und Soldatenräte“ als neue Institutionen in „gewissem Grade“ anerkannte und ihnen einige Zimmer im Rathaus zur Verfügung stellte.

Im Leben des Willi Ostermann klafft für den Chronisten ab dem Kriegsende 1918 ein großes Informationsloch. An Karnevalsveranstaltungen war unter dem anfangs sehr rigiden Regime der Besatzungsmacht fürs erste überhaupt nicht zu denken. Auch andere Veranstaltungen mit mehr als einem Dutzend Teilnehmer waren unter dem Kriegsrecht und den von mehr als 50 000 Engländern überwachten Ausgangsbeschränkungen für die Kölner Bevölkerung völlig ausgeschlossen.

Unter diesen Umständen fehlte dem Vortragskünstler Ostermann natürlich die wichtigste Einkommensquelle. Vielleicht hat sein Verlag noch Text- und Notenblätter aus früheren Produktionen des Liederdichters verkauft, aber mehr, als zum nackten Leben notwendig war, kann dieses Geschäft bei der allgemeinen Armut und der schon angaloppierenden Inflation nicht abgeworfen haben.

Immerhin gibt es Zeugnisse dafür, daß Ostermann auch in dieser Zeit Lieder und gereimte Glossen geschrieben hat, wenn auch – und das gilt für viele Schöpfungen des Heimatdichters – die genaue Entstehungszeit oder gar Veröffentlichungsdaten nicht mehr festzustellen sind, weil die sichersten Quellen dafür, nämlich Buchungsvermerke, im Bombenkrieg verloren gingen.

So bleibt in manchen Fällen nichts weiter übrig, als erhaltene, aber meist vergessene Lieder nach ihren Themen zeitlich zu fixieren. Recht einfach ist das zum Beispiel mit einem Text, der das Schieber- und Spekulanten-Unwesen der frühen zwanziger Jahre in einer erfundenen Figur personifiziert und karikiert, „Chrestian – do bes ene feine Mann!“ Scheinbar ahnungslos fragt sich der Erzähler des Liedtextes immer wieder, wie „dä Schmitze Chreß“ wohl zu all dem Geld kommt, mit dem er um sich wirft und sich ausstattet. Im Grunde gibt er dabei aber den neureichen Helden nur der Lächerlichkeit preis:

Die kölsche Sproch es ordinär, die sprich dr Chreß nit mieh,
hä kütt sich vör hück wie 'nen Här – der Aristokratie,
un kütt hä en en Bar eren, dat Publikum, et jauchz,
denn jedesmol bestellt dr Chreß en „Schateau Margaux“;
ein bißchen schnell, Sie Flabes, Sie, „tutt switt“, do stieve Penn.
Dä Kellner laach, un denk si Deil un strich et Drinkjeld en.

Neben diesem Lied sind noch zwei Titel überliefert, die sich ganz eindeutig auf die Besatzungszeit nach dem Ersten Weltkrieg beziehen: „Jim, wat häs do för e Bötzje an?“ sowie „Und dies alles wegen der Mädchen“, wo es im letzten Vers heißt:

Chrestian
du beß'ne feine
Mann
Text und Musik von
Willi Ostermann
Für Klavier . . . . Mk. 6.—
für Salonorchester Mk. 7.50
Verlag: Willi Ostermann, Köln-Sülz

1918 fand mit dem Ende des Krieges der Rückmarsch deutscher Truppen statt. Sie wurden auch in Köln von der Menge mit Spruchbändern begrüßt

Auch die Söhne Albions sie schwärmen
für die kleinen Mädchen nun einmal
„O, ich lieben dir“, so „spihkt“ er „tschörmen“
weil die Liebe international.
So zum Beispiel für ein Promenädchen, ...
gibt der Englishman sein Schokolädchen
gern das allerletzte Stückchen her.

Natürlich konnte sich Willi Ostermann bei diesen spöttischen Liedern und Versen des Beifalls einer großen Volksmehrheit sicher sein. Denn den meisten Bürgern ging es nicht gut und zu der Verachtung der „undeutschen“ Besatzungs-Nutznießer gesellte sich auch ein bißchen Neid, wie in dem Spottgedicht „Französisch“. Herr und Frau Meier sind ganz dem Fieber, sich der neuen Zeit anzupassen, erlegen. So beschließt Frau Meier auf Anraten ihres Mannes, sich des Französischen zu bemächtigen, um richtig „parlewuhze“ zu können, denn „wie ungeheuer zeugten dat von Intelljenz". Nach Wochen eifrigen Unterrichts macht sie dann die Probe aufs Exempel und lädt ihre Nachbarschaft zum Kaffeekränzchen ein. Dort glänzt sie dann folgendermaßen:

Jrad em Zemmer dät et trecke wie dr Deuvel, doröm nohm
de Frau Meier jetz 'nen Anlauf, weil da wie jerofe kom.
Was das zieht, „näß pa", Ihr Dame, dieser Durchzug –
und im Nu
schreit sie „Anna" durch dr Husflur, maach de
„Ferme la Port" mal zu!

Hinter der hohlen Hand gesungen?

Möglicherweise wurden diese Lieder, falls sie überhaupt je wirklich aufgeführt wurden, hinter der hohlen Hand gesungen. Melodien dazu sind dem Verfasser nicht bekannt. Das schließt aber nicht aus, daß diese (und andere verschollene Noten und Texte) noch in irgendwelchen Privatarchiven vergessen lagern.

Tatsache ist jedenfalls, daß Willi Ostermann in den Jahren von 1919 bis 1924 seine spitze Feder nicht schonte. Dafür gibt es Belege. Aber die Frage ist, wer in der Zeit der absoluten (öffentlichen) Karnevals-Abstinenz überhaupt das Vergnügen hatte, diese Lieder und die zahlreichen Spottverse zu hören.

Sicher weiß man, daß auch in den ersten Besatzungsjahren mit ihren strengen Versammlungsverboten eine Vielzahl von Hinterzimmer-Stammtischen von alten Fastelovends-Recken regelmäßig gut besucht waren. Aber selbst wenn Ostermann dort vorgetragen hätte, mehr als ein Obolus von guten und vielleicht noch gutbetuchten Freunden wäre dabei wohl auch nicht zu erwarten gewesen.

Wie auch immer, das freundschaftliche Schulterklopfen in der kleinen Runde der Elite-Kölschen, der gedämpfte Applaus in plattkölschen

„Speakeasies“ mit deutsch-nationalem Touch kann dem erfolgsgewöhnten Ostermann nicht genügt haben. Er brauchte den Beifall animierter Massen. Außerdem konnte er von den Lobreden auf seine kölsche Heimatverbundenheit nicht leben, solange diese in engen Zirkeln unter Ausschluß der breiteren (durchaus interessierten) Öffentlichkeit verhallten. Und er brauchte in seinem Verlag den Umsatz von Noten- und Textblättern, der aber nur durch die Breitenwirkung eigener öffentlicher Auftritte wesentlich gesteigert werden konnte.

In einigen seiner letzten Melodien hatte Ostermann schon Foxtrott und Onestep-Rhythmus ausprobiert, die in den damals aktuellen Amüsierlokalen längst die Tanzflächen beherrschten.

Gleichzeitig hatte er wohl erkannt, daß die Hautevolee Kölns – seit sie mit dem Ausfall des Karnevals kaum noch Möglichkeiten hatte, sich „heimatverbunden“ selbst darzustellen – gern übernationale gesellschaftliche Gelegenheiten wahrnahm, um „up do date“ zu sein. Statt wie vordem auf karnevalistischen Prunksitzungen drängelte sie sich nun auf „Dinner-Parties“ der Besatzungsmacht, die mit internationalem Flair überhaucht waren.

Musikalisch wurde dort außer angloamerikanischen Rhythmen nicht mehr viel gespielt, höchstens noch zu vorgerückter Stunde das „verlorene Herz von Heidelberg“ oder Heinrich Heines „Loreley“. Vielleicht hätten die englischen Offiziere auch flotte kölsche Lieder als exotischen Reiz geschätzt, aber den deutschen Party-Snobs wäre die Mundart in solchem Umfeld sicher degoutant, wenn nicht gar vulgär vorgekommen.

Willi Ostermann dagegen muß damals schon gespürt haben, daß aus dieser besatzungsbedingten Ausnahmesituation wohl kaum eine absolute Trendwende zu ganz anderen Formen der Unterhaltungsmusik entstehen würde. Aber es war für einen Kenner des Metiers auch leicht abzusehen, daß der gemütvolle Mundartschlager wohl nie mehr die Rolle spielen würde wie in der Zeit vor dem Ersten Weltkrieg, jedenfalls nicht in einer kaufmännisch interessanten Verbreitung.

Ostermann und der „Deutsche Rhein“

Dem scharfen Beobachter Ostermann konnte jedoch auch nicht entgehen, daß die Rhein-Romantik sich zu einer beachtlichen Größe auswuchs. Zunächst schwärmten die Besatzer und ihre Angehörigen von der bis dahin noch nicht vom Massentourismus erschlossenen Rheinlandschaft und gaben diese Schwärmerei weiter in alle Welt. Parallel dazu entwickelte sich in Deutschland eine ungeahnte Renaissance des romantischen Nationalismus, der sich schon hundert Jahre zuvor, als die Franzosen den Wasserlauf zu ihrer Staatsgrenze machten, am „deutschesten aller Ströme“ entzündet hatte.

Jetzt, da die „Wacht am Rhein“ englische, französische und belgische Uniformen trug, reklamierten die vom Kriegsausgang gebeutelten deutschen Staatsbürger von Königsberg bis Konstanz und von Ostfriesland bis zum Bayerischen Wald den Fluß noch viel vehementer als „Deutschen Strom“. Und diese deutschnationale Stimmung wurde noch weiter angeheizt durch einige Politiker, die eine „Rheinische Republik“ als Puffer zwischen den „Erbfeinden“ Frankreich und Deutschland separieren wollten.

Willi Ostermann nahm des Volkes Stimme auf und schrieb das erste seiner erfolgreichsten

Ostermann entdeckte für sein Schaffen während der Karnevals-Abstinenz Anfang der zwanziger Jahre die Rheinromantik. Hier posiert er in Königswinter vor dem Drachenfels

Es gibt nur einen deutschen Rhein!

Neues Rheinlied
und Blues
von

WILLI OSTERMANN

Rheinlieder in hochdeutscher Sprache: „Es gibt nur einen deutschen Rhein". In ihm klang es zwar nicht „... wie Donnerhall / wie Schwertgeklirr und Wogenprall ...", aber dafür im Refrain:

Es gibt nur einen deutschen Rhein,
hier läßt man Sorgen Sorgen sein.
Ich pfeif auf London und Paris,
am Rhein, da ist mein Paradies.

Die Lande am Rhein, wie die Loreley, der Rolandbogen und Rüdesheim, sowie „der Burgen Herrlichkeit" und die Natur werden im Liedtext höchst subjektiv gefeiert, so daß dem Sänger jeder Fremde leid tut, der dies alles nicht bewundern kann. Und natürlich wird der „Vater Rhein" mit seinem „Monopol für Wein und Mägdelein", mit „Männern von besondrem Schlag" und der damit gepaarten Fröhlichkeit beschworen. Zum Schluß animiert der naiv-schlichte Text zu einem mehrfachen Prosit „auf das, was uns gehört und was uns keiner nimmt". Wer wollte da schon widersprechen?

Die Frage, ob dieses damals aktuelle Lied vom „deutschen Rhein" nun wirklich nationalistisch oder opportunistisch gemeint war, kann nur mit weder – noch beantwortet werden, wenn man Ostermanns poetische Reaktionen über die Zeiten kritisch beobachtet hat. Er hat immer nur in seiner Sprache weitergegeben, was er in seinem sozialen Umfeld hörte oder wahrnahm. Er las in den Zeitungen keine umfassenderen politischen Artikel oder gar Kommentare, sondern höchstens die lokalen Schlagzeilen – und später die Wettnotizen über Pferderennen.

Nach allen noch vorhandenen Quellen wird auch in diesem Fall nicht klar, wann das – textlich sacht nationalistische – Lied mit der trutzigen Melodie entstanden ist. Das Copyright freilich weist aus, daß der „Deutsche Rhein" von Ostermann erst nach dem Abzug der britischen Besatzungstruppen am 31. Januar 1926 veröffentlicht wurde.

Auch aus der in zwei Auflagen erschienenen Würdigung des Ostermann-Freundes Thomas Liessem geht nicht hervor, wann der Heimatdichter das Lied geschrieben hat. Liessem drückt sich in dieser Hinsicht sehr vage aus:

... Gewiß, Köln, die Metropole des Rheinlandes, war frei, aber der größte Teil dieser schönsten Provinz des deutschen Vaterlandes hatte nach wie vor die Anwesenheit fremder Truppen zu erdulden. Dazu kam, daß eine neu auftauchende Sorte von Menschen den Versuch unternahm, das Rheinland vom deutschen Vaterlande abzutrennen. Entschlossene Männer aus dem Reiche führten damals im Vereine mit vaterlandstreuen Söhnen der Rheinprovinz einen erbitterten und erfolgreichen Kampf gegen diese Verräter, denen immer wieder die Hilfe der französischen und belgischen Besatzungsbehörden zuteil wurde, unter deren Schutz sie ihre finsteren Machenschaften fortzusetzen versuchten. Gingen jene wackeren deutschen Männer mit dem Schwert gegen die vaterlandslosen Gesellen vor, so tat es unser Heimatdichter Willi Ostermann mit der Leier. In eine glühende Begeisterung wurde das rheinische Volk versetzt, als zum ersten Male Willi Ostermann sein Lied in die Öffentlichkeit brachte: „Es gibt nur einen deutschen Rhein!" ... Willi Ostermann wurde plötzlich ein gefeierter Sänger des ganzen deutschen Volkes ...

Verglichen mit dem Pathos dieser nationalistischen Eloge war der Text des Ostermannschen Rheinliedes doch eher schlicht und zurückhaltend und der Heimatdichter nichts weiter als ein auf Publikumswirkung bedachter Stimmungssänger.

Immerhin wurde das Lied ein Schlager. Die damals gerade aufblühenden Schallplattenfirmen rissen sich um die Rechte, und Willi Ostermann freute sich, daß er eine Marktlücke entdeckt hatte. Er war sich auch darüber im klaren, daß es eigentlich nur der Refrain mit den simplen Verszeilen und seine zündende, leicht singbare Melodie waren, die den Erfolg ausmachten.

Aus dieser Erkenntnis eröffnete sich ihm ein Erfolgsrezept für den damaligen Schlagermarkt. Er schrieb kurz hintereinander ein Dutzend Rheinlieder nach ähnlichem Strickmuster in hochdeutscher Sprache, wovon mindestens sechs den Schöpfer (bisher) um ein halbes Jahrhundert überlebten. Lieder vom Rhein, vom Wein, den Mägdelein und dem Mon-

Mit den hochdeutschen Rheinliedern wurde Ostermann weltweit bekannt

denschein, die man nicht nur im Weichbild des deutschen Stromes sang, sondern schließlich überall in der Welt zu vorgerückter Stunde in angeheizter Stimmung. Lieder zum Mitsummen und zum Schunkeln. Und noch heute fallen unzähligen Menschen gleich die eingängigen Tonfolgen jener Lieder ein, sobald man nur ihre Refraintitel nennt:

- Einmal am Rhein, und dann zu zwei'n allein sein
- Rheinische Lieder, schöne Frau'n beim Wein
- Drum sollt' ich im Leben ein Mädel mal frei'n
- Dort, wo die sieben Berge am Rheinesstrande steh'n
- O Rheinland, wie bist du so schön
- Wenn du wüßtest, wenn du wüßtest, wenn du wüßtest, mein Kind

Einige Musikkritiker vergleichen den Komponisten Willi Ostermann – der ja nicht einmal Noten lesen konnte – gelegentlich mit Mozart oder den Beatles, die auch vielfach ihren Kompositionen leicht faßbare Melodiemotive zugrunde legten.

Demzufolge wäre also der begnadete Mundartdichter Willi Ostermann auch ein musikalisches Genie gewesen. Solcherlei Erwägungen hat Ostermann selbst freilich nie angestellt – zumindest nicht öffentlich. Für ihn war stets nur wichtig, ob er im Moment seines Vortrags „ankam", ganz egal, wie sein Auditorium auch zusammengesetzt war.

Rheinlieder bringen das große Geld

Aber mit dem unerwarteten, fast rauschenden Erfolg der Rheinschlager eröffnete sich ihm in seiner Karriere eine ganz neue Dimension, die auch den Menschen Ostermann für seine engere Umwelt merkbar veränderte: das Geld, die Vermarktung!

Mit der Verbreitung der Rheinlieder standen plötzlich nicht mehr so sehr die (ehedem ortsgebundenen) Texte im Vordergrund, sondern die Melodien. Und diese konnten natürlich auch losgelöst von den Liedinhalten in Konzertveranstaltungen, Tanzcafés, Biergärten, auf Volksfesten, auf Platten und zudem noch bei den damals gerade entstehenden Rundfunkgesellschaften abgespielt werden.

Die Wahrung seiner materiellen Interessen forderten den klug berechnenden Kaufmann in Willi Ostermann heraus. Und daß er kaufmännisch begabt war, hatte er ja schon bewiesen, als er bald nach seinem ersten großen Erfolg als Karnevalsbarde im Jahre 1907 einen Eigenverlag zur Herausgabe seiner Geisteskinder gegründet hatte.

Zwar wurde sein Verlagsgeschäft durch die Rheinlieder belebt wie nie zuvor, aber wichtig waren außerdem die Tantiemen, die die Gemeinschaft zur Verwertung musikalischer Aufführungsrechte (GEMA) alljährlich auswarf. Mit Hilfe dieser Organisation ließ sich erfassen, daß allein in den Jahren zwischen 1927 und 1931 zweieinhalb Millionen Schallplatten (darunter 600 000 vom „Rheinlandmädel") mit Ostermannschen Rheinliedern in den Verkauf gelangt waren.

Daß das Ehepaar Ostermann sich nun etwas leisten konnte, zeigen die Urlaubsaufnahmen aus den Jahren 1926 – 1930: sei es am Lago Maggiore (links oben und unten) oder auf Norderney (rechts oben)

Im Kölner Karneval gehörte Ostermann nun zur Prominenz. Kein wichtiges Fest wurde ohne ihn gefeiert

Und natürlich verkehrte er dabei auch mit der politischen „upper class“: hier mit Oberbürgermeister Konrad Adenauer

Dennoch war Ostermann unzufrieden, weil seiner Meinung nach in der Punkteverteilung der GEMA die in Berlin ansässigen Komponisten wie Jean Gilbert, Walter Kollo, Will Meisel, Guido Becce und Friedrich Hollaender ungerechtfertigt viel höher bewertet wurden.

Immerhin aber verkaufte Willi Ostermanns Verlag in der Zeit von 1928 bis 1931 noch 333 680 Partien Orchesternoten von 48 verschiedenen Werken. Weite Verbreitung fanden Ostermanns Schlagermelodien auch im europäischen Ausland und in Amerika. In Holland stand er mit seinen Rheinliedern gar an der Spitze aller Schlagerkomponisten.

Bei solchen finanziellen Erfolgen, die den Selfmademan in kurzer Zeit zum wohlhabenden Mann machten, konnte Ostermann nur darüber lachen, wenn die Texte seiner Rheinlieder von hochmögenden Kritikern

Im Karnevalszug des Jahres 1928 wurde sogar ein Wagen eigens nach Willi Ostermann benannt

sehr abschätzig beurteilt wurden, wobei ein Berliner Satiriker einmal die Formulierung fand: „Ostermann bringt Wiener Lieder aus Heidelberg bei Köln am Rhein".

Der nunmehr Fünfzigjährige, der um die Jahrhundertwende noch gelegentlich auf Vereinspodien gegen ein Trinkgeld aufgetreten war, der dann jahrelang als Kleinkünstler in zweitrangigen Varietés durch die Lande tingelte, bis ihm im Jahre 1907 im Rahmen des Karnevals der Durchbruch als Mundartdichter gelang, der dekorierte Heimatdichter, der sich im Ersten Weltkrieg nicht sonderlich erfolgreich als Helden-Epiker versucht hatte, der nach der nationalen Niederlage als Haus- oder Vereinspoet dahinkümmerte und Werbeverse für die Industrie schrieb, jetzt war er plötzlich ganz oben, nahm nahezu begierig den Streß der explosionsartig ausufernden

Geschäfte auf sich und fand darüber hinaus noch Zeit, Gastspiele und Konzert-Tourneen zu absolvieren. Diese waren freilich weniger eine Belastung für ihn als eine Erquickung, denn er hatte ja zeit seines Lebens den Kontakt mit dem Publikum gesucht und kannte nichts Schöneres, als Applaus und Ovationen „live“ zu genießen.

Bei alledem vergaß er jedoch nicht völlig seine wirkliche Kunst, nämlich die Poesie des mundartlichen Milieuliedes. Obwohl er sein Hauptaugenmerk auf die gängigeren, weitaus größere Verbreitung versprechenden und seinen Wohlstand mehrenden Rheinschlager richtete, entstanden zwischendurch so schöne kölsche Erzähllieder wie „Kutt erop!“ (1926), „Dä Klein, dä muß ene Nüggel han“ (1928), „Rötsch mer jet, Angenies“ (1929) und „Wat well die Mösch he en der Köch“ (1931).

Daneben gelang ihm 1928 ein solch guter Wurf wie „Kölsche Mädcher künne bütze“, eine fast perfekte Transponierung seiner oft pathetischen Rheinliedermasche in kölsche Schlichtheit mit einem Schuß Understatement. Selten ist die oft eher beanstandete als gerühmte Mentalität der Menschen in „Kölle am Rhing“ so treffend in wenigen Zeilen beschrieben worden wie in der ersten Strophe dieses Liedes: „... statt die Minsche do kühme un klage, / han se dr Kopp voll jecke Tön.“ Will sagen, daß die Kölner – ob zu Recht oder zu Unrecht – nicht bereit sind, alles, was auf sie zukommt, allzu ernst zu nehmen; so auch die kölschen Mädchen nicht, die „besonders fidel“ und „puckellöstich“ sind und vor allem eines können:

Kölsche Mädcher künne bütze,
jo, dat es ne wahre Staat.
Su e Bützje vun enem Nützje,
Jung, dat schmeck wie Appeltaat!

Auch der Kuß einer holden Maid ist folglich kein erotisches Versprechen, sondern nur ein mehr oder weniger flüchtiger Sympathiebeweis, denn „die dun sich nit ziere, se sin jo immer jrad erus.“

Kölsche Mädcher künne bütze!
Kölner Lied
von
Willy Ostermann
Zu beziehen durch sämtliche Musikalienhandlungen u. vom Ostermann-Verlag, Köln-Sülz

Der Preis des Erfolgs

Ostermann hätte, materiell gesehen, in der zweiten Hälfte der zwanziger Jahre leicht auf die Auftritte im (nach dem Abzug der Besatzung) wiederauflebenden kölschen Fastelovend verzichten können. Aber er genoß es, in der Stadt, die seine Heimat war, nun als der absolute Star bejubelt zu werden.

Und es war auch ganz gewiß Genugtuung, ja fast ein triumphales Gefühl für ihn, als er 1928 an einer der ersten Adressen der Kölner Innenstadt, nämlich am Neumarkt Nr. 33, ein Herrschaftshaus aus der Gründerzeit kaufen konnte. Dabei handelte es sich ausgerechnet um das Haus von Emma Millowitsch, der großen alten Dame der traditionsreichen Kölner Volkstheater-Dynastie Millowitsch.

Dem Volkstheater ging es wie vielen anderen Betrieben der Unterhaltungsbranche in der beginnenden Rezession, die schließlich zur Weltwirtschaftskrise führte, nicht gut. Ostermann war von der Flaute des Vergnügungsgewerbes weniger betroffen als die meisten seiner Kollegen, mit denen er früher zusammen auf der Bühne gestanden hatte, weil die Einkünfte aus dem Eigenverlag und die Tantiemen weiter flossen. Er konnte es sich sogar zu dieser Zeit noch allemal leisten, an Totalisatoren auf Pferderennbahnen erhebliche Summen zu verwetten, was ihm allerdings außer dem Gespött seiner Freunde kaum je etwas eingebracht hat.

Den sonst so selbstbewußten Künstler kränkte freilich nichts mehr, als wenn man ihm unterstellte, daß er von Pferden nichts verstünde, weil er nun mal nicht zur großen Welt derer mit grauem Zylinder und steifem Hut gehöre – wiewohl Ostermann gerade diese Kopfbedeckungen als Attribute der Weltläufigkeit und als Insignien des eigenen Aufstiegs schätzen gelernt hatte.

Und so kam es für den so sehr vom Urteil seiner Umwelt abhängigen Menschen Willi Ostermann zu der mißlichen Situation, daß er nach wie vor die ungeteilte Sympathie der zahlreichen Anhänger seiner Lieder genießen durfte, aber im früheren Freundeskreis die ehedem fast überschäumende Herzlichkeit mehr und mehr entbehren mußte. Man feierte ihn zwar noch bei allen erdenklichen Jubiläumsdaten: so im Februar 1924 zu seinem

Arbeitszimmer und Musikzimmer der Ostermanns am Neumarkt 33

Och wat wor dat fröher schön doch en Colonia
Lied aus der Revue: „Gross Köln"
„Die Fastelovendsprinzessin"
Ballhaus
Em ahle Kohberg
Heute
Große Tanzmusik
Eintritt frei
Tanz 10 Pfennig
Walzer
Damenschottisch
Polka
Mazurka
Rheinländer
Text und Melodie von Willi OSTERMANN

25jährigen Jubiläum als Vortragskünstler, was Ostermann selbst auf die Uraufführung seines Liedes vom „Düxer Schötzefeß“ im Jahre 1899 bezog, und im Jahre 1932 zum 25jährigen Jubiläum als Karnevalist, was sich auf die Uraufführung des Milieuliedes „Dem Schmitz sing Frau es durchjebrannt“ gründete.

Aber manche seiner wirklichen Freunde empfanden das durch die Rheinlieder-Erfolge gesteigerte Selbstbewußtsein und den mit Stolz hergezeigten Wohlstand als Arroganz und Großmannssucht.

Als jedoch zu Beginn des Jahres 1930 Ostermann ganz überraschend mit dem Lied „Och, wat wor dat fröher schön doch en Colonia“ an die Öffentlichkeit trat, da schlug ihm nicht nur der ungeschmälerte Jubel der Massen entgegen, sondern auch die meisten seiner Freunde revidierten ihre kritische Zurückhaltung und erkannten achtungsvoll-gerührt an, daß das künstlerische Genie des Heimatdichters wieder einmal über die kleinen Schwächen des Menschen Willi Ostermann gesiegt hatte.

Der Mundartdichter hatte mit diesem Lied eine neue Saite auf seiner Volksliedleier angeschlagen: den leicht resignativen, gemütvollen Rückblick auf eine vergangene, schönere Zeit, die ja eigentlich gar nicht so schön war und nur durch die Erinnerung vergoldet wurde. Auf jeden Fall sprach er vielen mit dem Refrain aus dem Herzen:

Och, wat wor dat fröher schön doch en Colonia,
wann dr Franz mem Nies nohm ahle Kohberch jing,
wann dr Pitter Ärm en Ärm mem Apollonia
stell verjnöch om Heimwäch an zo knuutsche fing.

Für den heutigen Betrachter ist der Text in manchen Wendungen vielleicht ein wenig zu konservativ, wenn da von „dä fremde Krom“, vom „Jazz un Steppe“ und vom „huhmoderne Blues“ die Rede ist. Ostermanns Bewunderern zur damaligen Zeit hingegen (1930!) zwangen die gemütvollen Verse, die von einer hervorragend dazu passenden Melodie gestützt wurden, Tränen der Rührung in die Augen, vor allem, wenn der Blick schon leicht vom Alkohol verschleiert war.

Allerdings nimmt Ostermann selbst im Verlaufe des Liedes seine Nostalgie nicht allzu ernst. Beginnt es zwar in der ersten Strophe mit einer

Stationen des Erfolgs: 25jähriges Jubiläum als Vortragskünstler 1924 (oben) – auf Gastspielreisen mit den Kölner Rundfunkkünstlern (unten) – bereits zu Lebzeiten von dem konstruktivistischen Maler Heinrich Hoerle mit Konrad Adenauer, Frau Hoerle,

dem damals bekannten Boxer Hein Domgörgen und dem Maler selbst verewigt (oben) – auf einem Werbeblatt zu seinen Schallplattenaufnahmen mit rheinischen Volksliedern (unten)

fast feindseligen Einstellung der neuen Zeit gegenüber („als ahle Kölsche schöddelt mer dr Kopp"), so geht die Zeitkritik im zweiten Vers schon über in ein witziges Wortspiel: Jener „huhmoderne Blues" sei früher vollends unbekannt gewesen; die einzige „Blus", die man gekannt hätte, sei die von der Bell, in der man sie das Tanzbein zu Walzertakten schwingend die Wand entlang „höppe" sah. Der Schlußvers schließlich klingt in einer launigen Milieuschilderung aus dem alten Köln mit seinen alten Kavalieren und hungrigen Mädchen, denen ein „Dösje met jebrannte Mandele" spendiert wurde, versöhnlich aus.

Mehr als ein halbes Jahrhundert nach der Uraufführung des Liedes vom schönen alten Colonia ist bezeichnenderweise neben dem Refrain die gesellschaftspolitisch wertfreie, historisches Milieu beschreibende dritte Strophe im Gedächtnis der Kölner am besten haften geblieben.

Nahm Ostermann die Nazis nicht ernst?

Zu Beginn des Jahres 1933 zeigte sich erneut, wie wenig Willi Ostermann auf der Höhe seiner Zeit war, sofern es sich um staats- und gesellschaftspolitische Lebensfragen in seinem Land und in seiner Gegenwart drehte. Den in aller Welt Aufsehen erregenden Fackelzug der militaristisch uniformierten Hitler-Anhänger am 30. Januar in Berlin hat er regelrecht verschlafen. Erst als die Auswirkungen des nationalen Ereignisses – wie immer verspätet – auch mitten in Köln einschlugen, nämlich bei den NS-Provokationen zur Vertreibung des Oberbürgermeisters Konrad Adenauer aus dem Kölner Rathaus, da begriff der menschlich so sensible, aber politisch naive Ostermann, daß irgend etwas geschehen war, das eventuell sogar die laufende Karnevals-Session hätte behindern können. Und das hätte ihn ungeheuer gewurmt, weil doch schon in den voraufgegangenen Jahren 1931 und 1932 die Session wegen der Weltwirtschaftskrise auf Stelzen gegangen war und nicht einmal Rosenmontagszüge stattgefunden hatten.

Der Liedtitel, so könnte man meinen, beschreibt zugleich Ostermanns unpolitische Haltung zu Beginn der Naziherrschaft in Deutschland

Es ist kaum anzunehmen, daß Willi Ostermann die „Hakenkreuz-Hitlerei“ ernster nahm als beispielsweise viele Kölner Juden, die damals auch alle glaubten, daß der braune Spuk in spätestens einigen Monaten vorüber sei. Zumal ausgerechnet im Kölner Rathaus, im Gegensatz zu allen anderen Gemeindeparlamenten der Großstädte des Reiches, noch bis zur neuen Wahl im März 1933 die Nationalsozialisten die rechtsaußen stehenden Bänke der Minderheit drückten.

Just zu dieser Zeit schrieb Willi Ostermann ein Lied mit dem Titel „Su schön wor et noch nie!“ und dem Refrain:

Su schön wie augenblecklich, su schön wor et noch nie,
enä, wat sin mer jlöcklich, su'n Zick, die kütt nit mieh.

Es wird wahrscheinlich für immer ein Rätsel bleiben, ob Ostermann damit auch der Euphorie, die in weiten Bevölkerungskreisen durch den politischen Erfolg Hitlers und den Wahlsieg seiner Partei herrschte, erlag oder ob er sie ironisieren wollte. Thomas Liessem wagte in seinem Buch über Willi Ostermann eine eigene Deutung:

Als gegen Ende des Jahres 1939 die Wirtschaftskrise in Deutschland sich bis zur Unerträglichkeit zuspitzte, man aber trotzdem in der von der damaligen Regierung beeinflußten Presse täglich lesen mußte, wie gut es uns allen in Deutschland ging, trat Ostermann in dem darauffolgenden Karneval mit einem Lied hervor, das man als einen Höhepunkt gewollter Ironie bezeichnen darf...

Ganz gleich, ob das Dreiunddreißiger-Lied Ostermanns die letzten Rettungsversuche der Weimarer Republik ironisieren sollte, wie Liessem es deutet, oder ob die Verse ein hintergründiger Spott auf die Aufbruchs-Euphorie des Dritten Reiches waren, für den Mundartdichter und Menschen Willi Ostermann war der optimistische Refrain des Lieds eher ein böses Omen.

Die neuen Machthaber in Staat und Stadt ließen ihn anscheinend in Ruhe. Jedenfalls ist nichts Gegenteiliges bekannt geworden. Sie hatten ja auch zunächst Wichtigeres zu tun, als einen Krätzjens- und Stimmungssänger auf seine politische Gesinnung hin zu überprüfen, zumal dieser sich nie öffentlich parteipolitisch festgelegt hatte.

Obwohl in dieser Biographie auf Anekdoten verzichtet werden sollte, die sich um Ostermann ranken, weil sie fast alle ebenso extrem wie vage sind, soll hier doch eine Begebenheit skizziert werden, von der ein Zeitgenosse und langjähriger musikalischer Weggefährte dem Verfasser erzählte:

Ostermann, der in der Auswahl seiner Freunde nie einen Unterschied nach Herkunft, rassischer oder konfessioneller Zugehörigkeit gemacht hatte, erschien eines Abends im Sommer 1934 mit dem NS-Parteiabzeichen am Revers zu einer Skatrunde. Ein jüdischer Mitbürger und Freund schaute ihn betroffen an und sagte: „Wat es, Fuss – du och? Mit dem Dinge?“ Ostermann zuckte mit den Schultern, fuhr sich über das inzwischen schütter gewordene rotblonde Haar und sagte halb patzig, halb entschuldigend: „Leever Jott! Soll ich mir dann wäjen dir en Matze dohin hange?“

Willi Ostermann zusammen mit dem „Arbeiterdichter“ Heinrich Lersch auf einer Ferienreise nach Madeira an Bord des KdF-Schiffs „Wilhelm Gestloff“

Ob Ostermann tatsächlich jemals Mitglied der NSDAP war, kann allein durch diese Anekdote nicht verbürgt werden. Immerhin wurde er von der Freizeit-Organisation der Nationalsozialisten, die unter dem Namen „Kraft durch Freude“ (KdF) auch das Privatleben der Volksgenossen unter Kontrolle bringen wollte, schon bald vereinnahmt. Das war jedoch nichts Ungewöhnliches, weil ohnehin niemand mehr im Unterhaltungs- oder Vergnügungsgewerbe tätig sein durfte, wenn er der KdF nicht angehörte.

Natürlich versuchten die Nationalsozialisten im Rahmen ihrer Blut-und-Boden-Kultur, den populären Heimatdichter stärker für ihre propagandistischen Zwecke einer nationalistisch geprägten Heimattümelei einzuspannen. Abgesehen davon, daß sie bei Ostermann in puncto Heimatverbundenheit weit offenstehende Türen einrannten, konnten sie dem inzwischen Mittfünfziger nicht mehr beibringen, seine Liebe zur Vaterstadt am Rhein parteipolitisch zu besingen. Dem Mundartdichter, der stets nur das beschrieben hatte, was er wirklich im Innersten empfand, fiel zu dieser fanatisch-nationalistischen Beschwörung von Blut- und Rassentreue absolut nichts ein. Das mag die Parteibonzen vielleicht enttäuscht oder gar gekränkt haben. Dennoch luden sie ihn im März 1936 zu einer der bei den Arbeitern und kleinen Angestellten sehr beliebten Ferienfahrten nach Madeira auf dem KdF-Schiff „Wilhelm Gustloff" ein. Ostermann nahm geschmeichelt an und lieferte sogar am Ende der Reise eine gereimte Pflichtübung ab. „Madeirafahrt" ist ein recht harmloser Text, der die Erholungsfahrt auf hoher See eher unspektakulär beschreibt und brav endet:

Un wenn no dat veezehndäjije Jlöck
es widder vörbei – un mer kumme zoröck
dann hät mer noch eimol su vill Loß am Jeschäff,
dat danke mer all dann der K.d.F.

Ostermann hatte wohl vorher schon gewußt, daß die hehre Auszeichnung der vom Staat bezahlten Ferienfahrt der letzte Versuch der Machthaber war, dem Volk zu zeigen, daß die Staatspartei den Heimatdichter ebenso schätzte, wie das Volk ihn liebte. Und seine Popularität war am Tag einer privaten Familienfeier Ostermanns überdeutlich zum Ausdruck gekommen.

Am 13. Januar 1936 nämlich feierten Willi und Käthe Ostermann, geborene Palm, ihre Silberhochzeit. Den Gedenktag wollte der schon kränkelnde Künstler eigentlich mit seiner Frau im kleinen Kreis begehen, wie schon die Hochzeit im Jahre 1911. Aber einige seiner Freunde aus dem Karneval hatten sich, mehr als fröhlichen Schabernack, ausgedacht, dem Jubelpaar vor seinem Haus am Neumarkt ein gewaltiges Ständchen zu bringen: Vier Kapellen mit 150 Musikern versammelten sich in der frühen Abenddämmerung auf dem damals schon verkehrsreichen Platz, um ein

Urkunde zur Silbernen Hochzeit des Ostermann-Paares

Käthe und Willi Ostermann nehmen zum letzten Mal gemeinsam Glückwünsche der Freunde entgegen: Silberhochzeit im Gürzenich

großes Potpourri Ostermannscher Lieder zu intonieren. Aber wie ein Lauffeuer hatte es sich in der ganzen Stadt herumgesprochen, was die „Fastelovendsjecke" zur Freude und Ehre Ostermanns geplant hatten. Und so wuchs sich die musikalische Ovation innerhalb kürzester Frist zur riesigen Volksversammlung aus; es kamen mehr Menschen zusammen, als die NS-Staatspartei auf ihren sorgsam vorbereiteten offiziellen Kundgebungen jemals auf die Beine gebracht hatte. Was wunderte es daher, daß die meist sehr geschickten braunen Propaganda-Bonzen Willi Ostermann mit der vorhin erwähnten Auszeichnung zur KdF-Ferienfahrt als einen der Ihren zu reklamieren versuchten.

Der Vorhang fällt

An einem heißen Sommerabend im Jahre 1936 nahm Willi Ostermann für immer Abschied von den Bühnenbrettern, nach denen er sich von Kind auf gesehnt und auf denen er sich sein Leben lang am wohlsten gefühlt hatte: umtost vom Applaus und im Blickfeld nur fröhliche, lachende Gesichter. Im Kurhaus von Bad Neuenahr hatte er, wie schon so oft bei anderen Gastspielen in den Jahren zuvor, mit letzter Kraft sein Programm bis zum Finale durchgestanden. Dann brach er zusammen. Man brachte ihn sofort nach Köln in die Krankenanstalt Lindenburg, wo er das Zimmer 217 in Haus V nicht mehr lebend verlassen sollte. Nach der ersten Diagnose der Ärzte mußte er sich einer nicht aussichtslosen Operation unterziehen. Und Ostermann blieb zunächst auch optimistisch, obwohl er in den letzten beiden Jahren stetig an Kraft und Schwung verloren hatte.

Eines der späteren Bilder Ostermanns vor dem Kölner Dom

Zwar war er auch nach 1933 noch regelmäßig mit neuen Liedern auf der Karnevalsszene erschienen, aber diesen Liedern und auch seinem Vortrag hatte es an dem Schmiß und Pfiff früherer Jahre gefehlt. Plattkölsche Lieder konnte er sich aus finanziellen Gründen ohnehin kaum mehr leisten, weil bei aller Heimattümelei der Nazis die Mundart so sehr im Ansehen gesunken war, daß sich solche Lieder nicht mehr verkaufen ließen. Vielleicht aber hatte sich Willi Ostermann in dieser von Marschtritt, Fanfarenschall und Parolengeschrei durchtosten Welt auch einfach nicht mehr zurechtgefunden. Einmal sagte er bei einem Gastspielauftritt zu seinen Kollegen: „Ich kumme mir vör, als wann ich allt vum Nachruhm levve dät. “

Nach der schweren Operation in den letzten Julitagen 1936 schwand dann Ostermanns noch einmal aufgeflammter Optimismus jäh dahin, ohne daß dies jedoch seiner den Besuchern gegenüber zur Schau getragenen Fröhlichkeit einen Abbruch tat. Er griff sogar noch einmal zu Bleistift und Papier und skizzierte den Text seines letzten Liedes „Heimweh nach Köln“, dessen schlichte Verszeilen zugleich Resümee seines Lebens, Abschied und Vermächtnis waren. Die Melodie entnahm Ostermann einer früheren Komposition, die er für den Tonfilm „Traum vom Rhein“ geschrieben hatte. Diesem Lied hatte er seinerzeit den Titel „Sehnsucht nach dem Rhein“ gegeben, und der hochdeutsche Text steht in engem Bezug zum späteren Mundarttext.

Das vollendete Lied hat der Dichterkomponist selbst nicht mehr hören können. In den frühen Nachmittagsstunden des 6. August 1936 schloß er für immer die Augen. Doch zuvor hatte er noch ein großes Glas Champagner geleert und es anschließend gegen die Wand seines Sterbezimmers geschmettert.

Der 10. August, ein Montag in hellem Sonnenschein, blieb einer letzten großen Demonstration der Kölner für ihren über alles verehrten Heimatdichter vorbehalten. An seinem Leichnam, der im Hause Ostermanns am Neumarkt aufgebahrt war, defilierten Tausende Kölner vorbei. Noch weit mehr Menschen folgten dem Trauerzug durch das Hahnentor zum Friedhof Melaten, wo die Stadt Köln ihrem berühmten Sohn ein Ehrengrab reserviert hatte.

Zeitzeugen behaupteten, ein größeres Leichenbegängnis habe Köln in seiner langen Geschichte nie gesehen: „Dä Wäch vum Nümaat bes Malote wor schwatz vun Minsche ...“ Als der Sarg sich in die Grube senkte, intonierte eine große Musikkapelle im Hintergrund leise die Melodie des wohl schönsten Liedes von Willi Ostermann: „Och, wat wor dat fröher schön doch en Colonia ...“

Abschied von Willi Ostermann

Dichte Menschenmassen säumten den Weg des Trauerzuges

Der Beigeordnete der Stadt Köln Ebel würdigt den Verstorbenen Willi Ostermann für seine Verdienste um das kölsche Liedgut

Gestern nachmittag trug die Domstadt unter großer Anteilnahme der Bevölkerung ihren weltbekannten Sohn, Willi Ostermann, zu Grabe. Bereits um die Mittagsstunde warteten Tausende auf dem Neumarkt, die sich auf Zehntausende erhöhten, die sich im Laufe der nachfolgenden Stunden in den anschließenden Straßen mehrten. Vor dem Trauerhause versammelten sich alle Gesellschaften des vaterstädtischen Festes, um ihren letzten Abschied von Willi Ostermann zu nehmen. Sie gingen in das Arbeitszimmer des toten Volksdichters. Dieser Raum, in dem er seine weltbekannten Lieder schrieb, war in eine Kapelle umgestaltet worden. Brennende Leuchter und eine Fülle von Blumen und Kränzen umgaben den schlichten Eichensarg, zu dessen Seiten zwei Deutzer Schützen die Ehrenwache hielten.

Bis der Sarg in den Wagen gehoben wurde, begannen die Glocken von St. Aposteln ihr feierliches Geläute. Dann setzte sich der große Trauerzug unter den getragenen Weisen von zwei Musikkapellen in Bewegung.

Unser Kölner Volksdichter hat von der Hansestadt Köln ein Ehrengrab auf dem alten Melaten-Friedhof am Hauptweg erhalten, dort, wo die alten Kölner ruhen, die besondere Verdienste um ihre Vaterstadt haben. Die große Trauergemeinde stand ergriffen an seinem Grabe. Als erster Redner widmete der Seelsorger der Lindenburg dem Toten einen Nachruf. Er betonte, daß er sich vor der Größe des Sterbens und der männlichen Haltung des Verewigten verbeuge. Das Wort „Die Freude, die du anderen bereitest, kommt tausendfach an dich zurück“ habe sich bei ihm bewahrheitet. Dann segnete der Geistliche die sterbliche Hülle.

Beigeordneter Ebel legte im Auftrage der Hansestadt Köln und im Auftrage des Kölner Verkehrsvereins, dessen Ehrenmitglied der Verstorbene war, Kränze nieder. Er pries den lautern Charakter des toten Dichters und seine Arbeit, die ihm seinen Weltruhm beschert habe, die das Kölner Gemüt allen Kreisen der Welt nahegebracht habe.

Thomas Liessem, der Vorsitzende des Festausschusses des Kölner Karnevals, sprach im Auftrage aller Karnevalsgesellschaften Kölns und im besonderen auch als sein Freund.

Der Redner begann, daß ganz Köln tieferschüttert von der Nachricht des Todes dieses sonnigen Kölner Sohnes getroffen wurde. In die Geschichte des hundertjährigen Kölner Karnevals sei sein Name mit goldenen Lettern eingetragen. Er sei in die Gassen und an die Rebenhänge des Rheines gegangen und habe sich hier seine Lieder geholt. Stets sei auf seinen ausgedehnten Reisen die Sehnsucht nach seiner Vaterstadt bestimmend gewesen, und in seinen letzten Tagen habe er der Sehnsucht noch in dem Vierzeiler Ausdruck gegeben:

„Wenn ich su an ming Heimat denke, / und sinn d'r Dom su vör mich stonn, / Möch ich tireck op heim an schwenke, / Un möch zo Foß noh Kölle jonn!“

In diesen wenigen Zeilen liegt sein Herz, das ja tausendfach in seinen Liedern schlug.

Nach der Gedenkrede Thomas Liessems wurden durch Abordnungen die vielen Kränze niedergelegt. Im Auftrage des Reichsnährstandes, Abteilung Weinbau, wurde in Anerkennung der großen Verdinste Willi Ostermanns um den deutschen Wein durch seine Rheinlieder ein großer Kranz niedergelegt. Weitere Kranzspenden erfolgten im Auftrage vieler Rheinstädte und -dörfer und waren dem Gedenken des Toten gewidmet.

Willi Ostermann ist von uns gegangen, und so heiter wie sein Leben war, war auch sein Sterben. Er wußte schon seit Tagen, daß er von seinem geliebten Köln scheiden mußte. „Größ mer mih Kölle“, waren seine letzten Worte. Über seinen Tod hinaus hat dieser Volksdichter seinen Namen in die Herzen aller frohen deutschen Menschen gegraben.

Der Artikel über Ostermanns Begräbnis im Westdeutschen Beobachter vom 11. 8. 1936

Epilog – Nachruhm und Wirkung Ostermanns

Von Anne Krupp

Typisch für Köln, so heißt es, ist die innige Verbindung zwischen Politik, Wirtschaft und Gesellschaft – ungnädig auch als „Klüngel" verschrien. Konrad Adenauer hat den Begriff einmal auf die ganz schlichte Formel gebracht: „Mer kennt sich, un mer hilft sich." Dieses gegenseitige tätliche Wohlwollen gilt sicher auch für die Akteure des Fastelovend – und das keineswegs nur während der Session, sondern sogar über die irdische Präsenz hinaus.

Thomas Liessem, der langjährige Freund Ostermanns und Initiator des Willi-Ostermann-Brunnens, bei der Einweihung des Denkmals im Februar 1939

Über den Karneval war auch Willi Ostermann, ungeachtet seines Herkommens, der Einstieg in die lokale und regionale Prominenz geglückt. Und das offizielle Köln nahm sich nach seinem Tod flugs der Verwaltung seines Nachruhms an. Schon 1938 wurde auf dem eigens nach ihm benannten Platz der Ostermann-Gedenkbrunnen eingeweiht, eine Arbeit des Kölner Bildhauers Willi Klein. Initiator war Thomas Liessem, über Jahrzehnte hinweg teils geliebter, teils gefürchteter Regent im kölschen, respektive deutschen Karneval.

Ein Denkmal ist immer etwas Gravitätisches. In Köln jedoch zeigt die Kehrseite des Gravitätischen stets auch das Profane oder den Schalk. So auch hier, denn Ostermann finanzierte das eigene Denkmal gleichsam zu einem Viertel selbst. Im November 1936 nämlich hatte Liessem bereits die erste Schallplattenaufnahme des Liedes „Heimweh nach Köln" eingespielt. Und das Honorar von 9 000 Reichs-Mark bildete den Grundstock des Denkmal-Fonds.

Dabei sollte allerdings auch nicht unerwähnt bleiben, daß Liessem selbst sich stark für den Brunnen engagierte, indem er einerseits Geldsammlungen bei betuchten Kölnern initiierte und zum anderen in voller Höhe auf sein Autorenhonorar für sein Buch über Willi Ostermann zugunsten des Brunnens verzichtete.

Aber welcher Flaneur wird heute noch an die teilweise „Selbstfinanzierung" denken, wenn er den beschaulichen Platz am Ostermann-Brunnen umrundet und sich von den dargestellten Liedfiguren sogleich die passenden Melodien suggerieren läßt. Und erst recht werden sich nicht jene Tausende Jecken daran erinnert haben, die alljährlich dabei waren, wenn – wie noch bis vor wenigen Jahren – am Elften im Elften das Plätzchen rappelvoll war und das fröhliche Ajuja losging.

Die in manchem Lied des Volksdichters dokumentierte Zuneigung zum Siebengebirge bewog 1949 die „Große Königswinterer Karnevalsgesellschaft von 1860" und den dortigen Männergesangsverein „Gemüthlichkeit", im Nachtigallental unweit des Drachenfels' einen Ostermann-Gedenkstein aufzustellen, der für unzählige Ostermann-Verehrer längst zum „Wallfahrtsort" geworden ist.

1967 entstand auf Anregung Heinz Brodessers die „Willi Ostermann-Gesellschaft Köln e.V.". Brodesser war Gründungspräsident der Kar-

nevalsgesellschaft und füllte dieses Amt bis zum Jahr 1989 aus, als er es wegen Krankheit aufgeben mußte. Vor und während dieser Zeit sammelte er unermüdlich und baute allmählich ein umfangreiches Willi-Ostermann-Archiv auf, das auch heute noch engagiert und sorgsam gehegt wird.

Die Willi Ostermann-Gesellschaft institutionalisierte nicht allein Ostermanns Namen im Karneval, sondern verankerte seine Gestalt auch durch eine Vielzahl von Aktivitäten im öffentlichen Bewußtsein. So stiftete sie Gedenktafeln sowohl für seinen Geburtsort als auch für den letzten Wohnsitz Ostermanns, jenes Haus Nr. 33 am Neumarkt, das einst der Theaterprinzipalin Emma Millowitsch gehört hatte. Brodesser selbst initiierte 1988 die Stiftung einer steinernen Ostermann-Figur für die Galerie des alten Ratsturms. Geschaffen wurde sie von dem Bildhauer Herbert Labruska. Nach Fer-

Auf einer Postkarte brachte die „Große Königswinterer Karnevalsgesellschaft von 1860“ die Gedenktafel für Willi Ostermann im Nachtigallental in Umlauf (oben)

Die Gedenktafel am Neumarkt Nr. 33, dem letzten Wohnsitz Ostermanns (unten)

tigstellung aller 124 Turmfiguren – Persönlichkeiten aus alter und neuer Kölner Geschichte – wurde der Ratsturm im Sommer 1995 mit einem munteren Volksfest feierlich eingeweiht.

Darüber hinaus bestückte die Willi Ostermann-Gesellschaft über die Jahre hinweg mehrere Ausstellungen mit seltenen Erinnerungsstücken, Familien- und Bühnenfotos sowie den Arbeiten Willi Ostermanns. Alljährlich finden zudem Freundschaftstreffen mit Karnevalsgesellschaften im nahen europäischen Ausland statt. Und als Erlebnishöhepunkt werten viele der „Ostermänner" ihre Teilnahme an der New Yorker Steubenparade – im Namen des auch in den USA weithin bekannten rheinischen Volkslieddichters.

Wesentlich für die Vermittlung des Ostermannschen Werks war auch Dr. Hans Gerig, der 1958 den Ostermann-Verlag übernahm. Durch seine zahlreichen Publikationen blieben Ostermanns Lieder immer verfügbar. Zugleich bemühte sich Gerig mit der Stiftung der „Goldenen Willi-Ostermann-Medaille" für besondere Verdienste um das Kölner Volks- und Karnevalslied, dessen Tradition im Geist Ostermanns zu fördern. Die ersten

Zum 100. Geburtstag eines der bedeutendsten Lieddichter Kölns trug der Karnevalszug 1976 das Motto „Sang und Klang mit Willi Ostermann!"

Zwei Skizzen von Karnevalswagen mit dem Ostermann-Motto aus der Karnevalsbeilage des Kölner Stadt-Anzeigers für den Rosenmontagszug 1976

Preisträger waren 1967 der Kölner Oberbürgermeister Theo Burauen und Thomas Liessem.

Die sichtbarste Huldigung seiner Heimatstadt jedoch erfuhr Ostermann 1976 zu seinem 100. Geburtstag: Unter dem Motto „Sang und Klang mit Willi Ostermann" brachte der Kölner Rosenmontagszug 33 seiner Lieder in Form von Festwagen, Großfiguren und Fußgruppen Millionen Jecken auf den Straßen und vor den Bildschirmen zu Gesicht und Gehör.

Aber Gedenkreden und Denkmäler allein sind keine Garantie für ein Weiterleben nach dem Tod. Auch im Fall Ostermanns stellte sich die Frage, ob sein Werk genügend Lebenskraft besitzen würde, um noch spätere Generationen zu erreichen und zu begeistern.

Als amerikanische Truppen am 6. März 1945 Köln besetzten, gab es Ostermanns „Kölle am Rhing" nicht mehr. Die zynische Meldung des Oberkommandos der Wehrmacht „Der Trümmerhaufen Köln wurde dem Feind überlassen" sagt wahrlich nichts aus über die Hunderttausende von Menschenschicksalen dieser Stadt. Die meisten der ehemals 772 000 Einwohner waren vor dem Bombenhagel geflohen, mehr als 50 000 von ihnen waren umgekommen. Bei Kriegsende vegetierten gerade noch 42 000 Bürger in der Ruinenstadt. Der Dom, gottlob, hatte angeschlagen überlebt.

Als die Menschen aus der zum Teil jahrelangen Evakuierung zurückkehrten, passierte es, daß sie beim Anblick der Domtürme ihrem so lange unterdrückten Heimatgefühl freien Lauf ließen: Sie sangen „ihre" Hymne „Ich möch zu Foß noh Kölle jon ..."

Was dann in den ersten beiden Nachkriegsjahrzehnten, eingebettet in das allgemeine Wirtschaftswunder, in Köln geschah, war kein einfacher Wiederaufbau. Vielmehr entstand eine neue Stadt, eine moderne, leistungsstarke Metropole mit funktionaler und weltoffener Infrastruktur.

Das hatte auch Folgen für Kölns große Tradition, den Karneval, und damit die kölsche Sprache und das kölsche Liedgut. Froh, der mörderischen völkischen Enge entkommen zu sein, wollten die Menschen nun ihr Leben frei von jeder „Tümelei" gestalten, es sollte modern und vorwärtsgerichtet sein. Und so gestattete man sich Volkstümlichkeiten, Heimatgefühl und Lokalpatriotismus allenfalls im steifen Ornat des offiziellen Karnevals, dessen Organisatoren bereits 1947 ihre Arbeit wiederaufnahmen. Dort erklang dann zwar das tradierte kölsche Liedgut wieder, in der Regel allerdings auf

Mitten in einer Trümmerwüste blieb der Ostermann-Brunnen von den Bombenangriffen des Zweiten Weltkrieges relativ unbeschädigt

die eingängigen Refrains beschränkt – so störten keine umfänglichen Strophen und besinnlichen Inhalte das obligate Mitschunkeln. Auch die Lieder Willi Ostermanns wurden in ihrer Funktion auf reine Stimmungsmacher reduziert.

Im Karneval war auch die Mundart erlaubt, die im Alltag nun eher als sozialer Makel galt. Aber sie transportierte kaum mehr ein authentisches Lebensgefühl. Stimmungsvoll-respektlose Milieu-Impressionen, ironische Typenschilderungen, frech-fröhliche Alltags-Verzällcher sind nur möglich, wo es das alles noch gibt: Milieus, Typen und Kleinstgeschichten, in denen die Menschen sich wiedererkennen können.

Eine Wende brachte erst die jüngere Generation, die mit Alexander Mitscherlich die „Unwirtlichkeit unserer Städte“ beklagte und die Phantasie wiederentdeckte. Auch in Köln bemühten sich Bürgerinitiativen in vielen Stadtteilen, die Lebensqualität der Kleinstruktur ihres jeweiligen Veedels zu erhalten oder wiederherzustellen. Nicht selten geschah dies im

Konflikt mit der offiziellen Stadtpolitik. „Erfolge“ und andere Anlässe wurden vermehrt mit gemütlichen Stadtteilfesten gefeiert.

In den Anfängen dieser Veedel-Renaissance begegnete man ab 1973 zwangsläufig einer Musikgruppe, die diese neue, engagierte Verbundenheit der jungen Kölner mit ihrer Stadt adäquat in zeitgemäße brillante Mundartlieder übertrug: den Bläck Fööss. Als gestandene Beat- und Rockmusiker verfügte die Gruppe über die aktuellen musikalischen Ausdrucksmittel ihrer Generation. Und mit ihren Texten, die das wiedererwachte kölsche Lebensgefühl einfingen, befreiten sie die Mundart aus dem sterilen Reservat des amtlichen Karnevals.

Hier knüpften sie ganz selbstverständlich an die alt-kölnische Liedtradition an, in der das wirkliche Volkslied immer frei war von aller völkischen Borniertheit. Mit ihrer schier unerreichten Begabung, den kleinen Mann und seine alltäglichen Erlebnisse ebenso wie die großen Begebenheiten und ihre gesellschaftlichen Wirkungen präzise zu beobachten, haben sie sich längst nicht nur als kongeniale Nachfolger Willi Ostermanns erwiesen, sondern ihn womöglich noch übertroffen. Und hatte sich Ostermann – der Zeit gemäß – noch zumeist unkritisch den karnevalistischen Gesetzen und Gepflogenheiten ergeben, so machten es sich die Bläck Fööss – ebenfalls der Zeitströmung folgend – sehr bald zur Aufgabe, die verkrusteten Strukturen des Fastelovend etwas anzukratzen.

Gleichwohl, die Nähe der Bläck-Fööss-Songs zu den Erzählliedern Willi Ostermanns ist offensichtlich und verblüffend. Schon der Titel ihrer ersten Langspielplatte „Op bläcke Fööss nach Köln“ im Jahr 1974 paraphrasierte Ostermanns „Heimweh noh Kölle“, das sie auf der Platte auch interpretierten. Ihren schönsten Tribut an den großen Vorgänger entrichtete die Gruppe dann 1985 mit der Langspielplatte „Em richtije Veedel“, auf der sie zwölf der wichtigsten Ostermann-Lieder nachproduzierten. Diese Sammlung setzte der Westdeutsche Rundfunk in ein großes Ostermann-Portrait für das Fernsehen um: mit den Bläck Fööss in den Rollen und Kostümen der Ostermannschen Liedfiguren.

Mit solchen Wiederentdeckungen wie mit ihren zahlreichen eigenen Liedern belebten die Bläck Fööss auch das eher konservative Karnevalsgeschehen neu – eine Verbindung, die nie ganz konfliktfrei verlief, aber unausweichlich war und natürlich auch einen persönlichen Hintergrund

Die „Bläck Fööss" in zwei Szenenfotos zu den Liedern „Et Stina muß ene Mann han" und „Jetz hät dat Schmitze Billa ..." aus dem Ostermann-Porträtfilm des WDR von 1986, der seither alljährlich in der Karnevalszeit wiederholt wird

hatte: Tommy Engel, langjähriger populärer Sänger der Bläck Fööss, ist ein Patenkind von Thomas Liessem.

Unter der so schwer definierbaren und doch unzweifelhaft vorhandenen kölschen Identität findet immer wieder auf nahezu mysteriöse Weise scheinbar Unvereinbares zueinander: Vergangenheit und Gegenwart, Alt und Jung, Obrigkeit und „Basis“ (wie zuletzt am 9. November 1992 beim denkwürdigen „Arsch-huh“-Konzert auf dem Chlodwigplatz, als 100 000 Kölner gemeinsam mit „ihren“ Musikern gegen Fremdenhaß und Rassismus demonstrierten), Hard-Rock und Schunkellied, Wertkonservativer und Autonomer, Millowitsch und Zeltinger. Das geht in dieser Stadt, zumindest manchmal.

Der Grund dafür ist eigentlich ganz einfach: Seit alters her haben sich im Schmelztiegel Rheinland und speziell in seiner Metropole Köln die Völker und Kulturen vermischt, haben sich die Temperamente und Lebensgewohnheiten einander angeglichen und so allmählich eine Mentalität – verballhornend könnte man auch sagen „Sentimentalität“ – geschaffen, die im Grunde, eben „deef us dem Hätzekülche erus“, der Harmonie bedarf. „Leben und leben lassen“ heißt die meist unausgesprochene Devise, auf Kölsch übertragen: „Jeck, loß Jeck elans!“

Hinzu kommt, daß der Dialekt bester Ausdruck und Förderer dieser Harmonie ist. In ihm hat das Gesagte häufig weniger scharfe Konturen, wiewohl sich gleichzeitig vieles klarer, treffender, ja, manchmal sogar vernichtender sagen läßt, ohne aber platt, gemein und verletzend zu sein.

Das ist wohl auch das Geheimnis, das die Lieder von Willi Ostermann bis heute so beliebt macht und gewiß noch Generationen überdauern läßt. Und vom „Himmelspözje“ wird der kölsche Barde weiterhin herabschauen und den Erfolg seines großen Oeuvres grielächernd genießen.

Anmerkungen

1 Schabau = Schnaps

2 Prof. Adam Wrede: „Neuer kölnischer Sprachschatz", Copyright 1956 by Greven Verlag Köln

3 An der Feuerwache Mülheim, Bergisch Gladbacher Straße, weist eine Gedenktafel auf das Geburtshaus von Willi Ostermann hin.

4 Ähnlich wie im Englischen, z.B. „it is raining", „he was eating".

5 Der Inhalt des Liedes gründet sich auf ein Gerücht, demzufolge ein in Bonn studierender Hohenzollernprinz einer rheinischen Maid am Schluß einer Liaison eine hohe Abfindung gezahlt haben soll.

6 Frei übersetzt: Wenn die Reime so glatt sind, daß sie auf der Zunge zergehen, dann ergibt sich die passende Melodie von allein.

7 Thomas Liessem, geb. am 9. 9. 1900 in Köln, seit 1929 Präsident der Kölner Prinzengarde; Präsident des Festausschusses Kölner Karneval von 1935 - 1947: Präsident des Festkomitees Kölner Karneval von 1954 - 1958; 1953 erster Präsident des Bundes Deutscher Karneval; war ein enger Freund der Familie Ostermann und brachte schon im Jahre 1936 ein Buch über Willi Ostermann heraus unter dem Titel „Leben und Wirken des rheinischen Volksliederdichters", das im Jahre 1958 unter dem Titel „Ein Leben für den Frohgesang am Rhein" neu aufgelegt wurde.

8 Adenauers Vorgänger im Oberbürgermeisteramt der Stadt Köln, Max Wallraf (1859 - 1941), wurde 1917 als Staatssekretär und Leiter des Reichsamtes des Innern nach Berlin berufen.

Literatur

Privat-Archiv Heinz Brodesser, Niederkassel

Klara van Eyll:
„In Kölner Adreßbüchern geblättert"
Greven Verlag, Köln, 1978

Peter Fuchs / M. L. Schwering / Klaus Zöller:
„Kölner Karneval – Seine Geschichte, seine Eigenart, seine Akteure"
Greven Verlag, Köln, 1984

Thomas Liessem:
„Willi Ostermann – Leben und Wirken des rheinischen Volksliederdichters"
Verlag der Buch- und Kunsthandlung Josef Höfer, Köln, 1936

Thomas Liessem:
„Ein Leben für den Frohgesang am Rhein"
Willi Ostermann Verlag, Köln, 1958

Paul Mies:
„Das Kölnische Volks- und Karnevalslied"
Staufen Verlag KG, Köln-Krefeld, 1951

Willi Ostermann-Gesellschaft (Hg.):
„20 Jahre Willi Ostermann-Gesellschaft Köln e.V.", Köln, 1987

Gisela Probst:
„Zur psychologischen Funktion des Karnevalsschlagers"
aus: Rheinisches Jahrbuch für Volkskunde, 23. Jahrgang

Jürgen Pütz (Hg.):
„Bläck Fööss – Lück wie ich un du"
Wienand Verlag, Köln, 1989

Helmut Signon:
„Alle Straßen führen durch Köln"
Greven Verlag, Köln, 1982

Wilhelm Staffel:
„Willi Ostermann"
Greven Verlag, Köln, 1976

Robert Steimel:
„Kölner Köpfe"
Robert Steimel Verlag, Köln, 1958

Arnold Stelzmann:
„Illustrierte Geschichte der Stadt Köln"
Verlag J. P. Bachem, Köln, 1976

Text und Musik von Willi Ostermann
Denk' nicht an morgen!
Marschlied
VERLAG WILLI OSTERMANN
KÖLN

Zeit-Tafel

1680

In einer Urkunde des westfälischen Adelsgeschlechtes Plettenberg-Schwarzenberg wird zum erstenmal ein Henrich Ostermann als Pächter eines Lehnsgutes in Eiringhausen (heute Kreis Lüdenscheid / Westfalen) erwähnt. Es war der Ur-ur-ur-Großvater väterlicherseits von Willi Ostermann.

31. 5. 1838

In Eiringhausen wird Peter Heinrich Ostermann, der Vater des späteren Liederdichters, geboren. Mit 17 Jahren geht er als Rottenarbeiter zur Bergisch-Märkischen Eisenbahn.

10. 1. 1848

In Steinbüchel (Reg. Bez. Düsseldorf) wird Gertrud Paas geboren.

17. 11. 1870

Peter Heinrich Ostermann vermählt sich standesamtlich in Schlebusch mit Gertrud Paas, und am folgenden Tag werden sie in der katholischen Pfarrkirche St. Nikolaus in Steinbüchel getraut. Sie beziehen eine Wohnung in der Peschgasse in Mülheim am Rhein.

1. 10. 1876

Wilhelm wird als viertes Kind der Familie Peter Heinrich und Gertrud Ostermann in Mülheim am Rhein geboren und am 15. Oktober in der Pfarrkirche Maria Himmelfahrt getauft. Die Familie wohnt zu der Zeit in einer umgebauten Ziegeleischreibstube in Mülheim, Picolonischer Weg Nr. 1.

Juli 1878

Vater Peter Ostermann erhält als Weichensteller bei der Bergisch-Märkischen Eisenbahn 16 Mark monatliche Gehaltserhöhung, muß dafür aber nach Deutz umziehen. Hier wohnt die Familie zunächst in der Kasemattenstraße.

1883 – 1891
Willi Ostermann besucht die katholische Volksschule in der Freiheitstraße in Deutz.

1.4.1888
Die Stadt Deutz wird nach Köln eingemeindet. Damit werden auch die Ostermanns Kölner Bürger.

1893
Willi Ostermann tritt eine Lehrstelle bei einem Deutzer Elektromeister an, bricht diese aber kurz darauf wieder ab und wird noch im gleichen Jahr Lehrling bei der Diez- und Baumschen Druckerei.

1896
Willi Ostermann legt die Gesellenprüfung als Stereotypeur und Galvanoplastiker ab und nimmt kurz darauf eine entsprechende Stellung bei der Rheinischen Papierwarenfabrik Max Klestadt an, die er aber zu Ende desselben Jahres wieder quittiert.

1899
Bei der Kirmes der 5. Sebastianus Schützenbruderschaft in Deutz trägt Willi Ostermann seine Verse zum „Düxer Schötzefeß" auf die Melodie „Jahrmarktsrummel" von Paul Lincke vor.

18.6.1903
Ostermann heiratet Katharina Maria Striebeck (geboren 1878 in Heven/Witten).

1905
In Mainz begegnet Willi Ostermann bei einem Gastspiel zum erstenmal seinem späteren, langjährigen Freund, dem norddeutschen Kabarettisten und Coupletsänger Otto Reutter.

1907
Erfolgreiche Uraufführung des ersten Karnevalsliedes „Dem Schmitz sing Frau es durchjebrannt“.

1909
Ostermann erhält für seinen Karnevalsschlager „Wer hät dat vun der Tant jedaach“ als erster Heimatdichter die Goldene Fastenrath-Medaille für das beste Mundartlied.

Karneval 1910
Ostermann lernt den Kapellmeister Emil Palm kennen, der ihm die Musik für den Erfolgsschlager „Et Stina muß ene Mann han“ schreibt.

13. 1. 1911
Willi Ostermann heiratet in zweiter Ehe Käthe Palm, die Urenkelin des alten kölschen Originals Johann Joseph, genannt „Urjels-Palm“.

1912
Rauschender Erfolg für „De Wienanz han ’nen Has em Pott“.

1914
Ausbruch des Ersten Weltkriegs. Ostermann versucht sich an Kriegsliedern in kölscher Mundart („Adjüs, Schäng!“, „Kölsch Zaldate-Leed“).

1915
Großes Presselob für Ostermanns Kriegsspenden-Werbelied „Dr kölsche Boor en Ieser“.

1918
Ende des Ersten Weltkriegs. Britische Besatzung in Köln.

1923
Höhepunkt der Inflation.

1924

Ostermann feiert sein 25jähriges Jubiläum als Vortragskünstler.

31. 1. 1926

Abzug der britischen Besatzungstruppen aus Köln.

Herbst 1926

Uraufführung des hochdeutschen Rheinschlagers von Willi Ostermann: „Es gibt nur einen deutschen Rhein".

Karneval 1930

Im Revue-Theater „Groß-Köln" wird eine Karnevalsrevue „Die Fastelovends-Prinzessin" von Hans Jonen uraufgeführt. Darin ertönt überraschend ein neues Lied von Willi Ostermann: „Och, wat wor dat fröher schön doch en Colonia", das alsbald die Spitzenstellung unter den über hundert Ostermannschen Liedern einnimmt.

16. 12. 1930

Ostermann gründet ein humoristisches Kölner Wochenblatt mit dem Titel „Tünnes und Schäl", das aber schon im darauffolgenden Jahr sang- und klanglos eingeht.

1932

Wieder ein Jubiläum: 25 Jahre Willi Ostermann als Karnevalsliederdichter.

1933

Machtübernahme durch die Nationalsozialisten. Ostermann schreibt das Lied „Su schön wie augenblecklich, su schön wor et noch nie".

13. 1. 1936

Zehntausende Kölner strömen auf dem Neumarkt zusammen, um Willi und Käthe Ostermann zur Silberhochzeit zu gratulieren.

Juli 1936
Ostermann wird nach einem Zusammenbruch auf der Bühne im Kurhaus von Bad Neuenahr in die Kölner Krankenanstalt Lindenburg eingeliefert.

6. 8. 1936
Willi Ostermann stirbt.

10. 8. 1936
Der Leichnam des Mundartdichters wird unter großer Anteilnahme der Kölner Bürger vom Trauerhaus am Neumarkt zum Friedhof Melaten geleitet, wo er in einem von der Stadt Köln zur Verfügung gestellten Ehrengrab beigesetzt wird.

5. 2. 1939
Der Ostermann-Gedenkbrunnen wird eingeweiht.

Herbst 1944
Die öffentliche Aufführung des letzten Ostermann-Liedes „Ich möch zo Foß noh Kölle jon“ wird durch Heeresverordnung der deutschen Wehrmacht untersagt, weil das Lied die „Kampfmoral der Truppe untergrabe“.

3. 7. 1949
Der „Ostermann-Gedenkstein“ im Nachtigallental bei Königswinter wird enthüllt. Am ersten Sonntag im Juli treffen sich dort alljährlich die Ostermann-Verehrer.

1958
Dr. Hans Gerig übernimmt den Ostermann-Verlag.

15. 4. 1959
Käthe Ostermann stirbt.

11. 1. 1967
Gerig stiftet die „Goldene Willi-Ostermann-Medaille" für besondere Verdienste um das Kölner Volks- und Karnevalslied.

28. 2. 1967
Auf Initiative von Heinz Brodesser wird die „Willi Ostermann Gesellschaft Köln e.V." gegründet.

20. 1. 1968
Enthüllung einer Ostermann-Gedenktafel an der Feuerwache Bergisch Gladbacher Straße. Hier stand das Geburtshaus Willi Ostermanns.

1973
Enthüllung einer Ostermann-Gedenktafel am Haus Neumarkt 33, dem letzten Wohnsitz des Volksdichters.

1976
Zum 100. Geburtstag Ostermanns trägt der Kölner Rosenmontagszug das Motto „Sang und Klang mit Willi Ostermann". Darüber hinaus erinnern eine Ausstellung, ein Gedächtnisgottesdienst und zahlreiche Festschriften, Liederhefte und Orden an Leben und Werk Ostermanns.

1985
„De Bläck Fööss" veröffentlichen die LP „Em richtije Veedel" mit zwölf Ostermann-Titeln, die gleichzeitig vom Westdeutschen Rundfunk für das Ostermann-Portrait „Och, wat wor dat fröher schön doch en Colonia" gefilmt werden. Die Kurzfassung des Features wird seither alljährlich in der Karnevalszeit vom WDR-Fernsehen wiederholt.

17. 11. 1988
Heinz Brodesser stiftet eine steinerne Ostermann-Figur des Bildhauers Herbert Labrusga für die Neugestaltung des alten Kölner Ratsturms (übergeben 1991, eingeweiht im Rahmen eines Volksfestes im Sommer 1995).

Lieder und Gedichte von Willi Ostermann

Dieses Verzeichnis richtet sich nach der Angewohnheit des Urhebers, grundsätzlich die erste Zeile eines jeden Lied-Refrains zum Titel zu erheben. Beispiel: Das berühmte „Heimweh nach Kölle“ ist in dieser Liste unter der ersten Refrain-Zeile „Wann ich su an ming Heimat denke“ vermerkt. Alle übrigen Gedichte und refrainlosen Lieder sind unter dem Titel aufgeführt, den ihnen der Autor in der Erstschrift gab. Datierungen sind angegeben, soweit sie zu ermitteln waren.

Ach, wie schön ist es doch unter uns . . . *1932*
Adelche! Ich jläuv bestemp, hä kütt . . . *1935*
Adjüs Schäng! . . . *1914*
Allerhand Puppchen . . . *1914*
Alles, alles wegen de Mädche! . . . *1921*
Am Dude Jüdd . . . *1907*
An der Ahr . . . *1934*
Auskunft

Barbare! . . . *1917*
Bei de Kämmelings, do jeit de Dör nit op . . . *1934*
Bes doch nit su eijesennich, leeve Schängemann
Bier-Walzer . . . *1912*

Chrestian, do bes 'ne feine Mann . . . *1920*

Da wo die sieben Berge am Rheinesstrande steh'n . . . *1930*
Dä es verdötsch . . . *vor 1910*
Dä Hals vun der Frau Schmalz . . . *ca. 1910/1920*
Dä muß nit he jebore sin . . . *1912*
Das ist von Goethe nicht, von Schiller kein Gedicht.
Dat es dat richtije ech kölsch Platt . . . *1914*

Dat fing ich su schön vum Här Ostermann
De Frau Bellmann muß mer Rollschohn laufe sin
De Gripp
De Wienanz han 'nen Has em Pott
Dem Schmitz sing Frau es durchjebrannt
Denk nicht an Morgen
Denn einmal nur im Jahr ist Karneval . . . *1932*
Der Antialkoholiker
Die ganze Kompanie . . . *1915*
Die Mähd, die muß am Huus erus . . . *1911*
Die Nummer „42" . . . *1914*
Dröm löß mer noch ens schunkele . . . *1914*
Drum rat ich dir, zieh an den Rhein . . . *1929*
Drum sollt dich im Leben ein Mädel mal frei'n . . . *1929*
Durch dä janze Krom maache mer 'ne Schrom . . . *1923*

Eifersucht . . . *1915*
Einmal am Rhein . . . *1930*
Es gibt nur einen deutschen Rhein . . . *1927*
Es mer op en Kinddäuf enjelade . . . *1905*
Et hät och esu jejange . . . *1918*
Et jeit nix för'ne richt'je Polkaschrett . . . *1933*
Et Stina muß ene Mann han . . . *1910*
Eu-Eu-Eugenie, wie du gibt's wenige . . . *1919*

Französisch . . . *1922*
Fröhjohr

Gold und Brillanten hat sie nicht . . . *1930*
Griet, kumm, loß dä janze Brassel ston . . . *1928*

Hä sät un sei sät . . . *1912*
Hä kann et
Halali Horrido, wie klingt der Ruf so froh . . . *1932*
Hallo, Frau Wirtin, schnell noch einen Humpen . . . *1932*

LIED VON
WILLI OSTERMANN
MUSIK VON
Emil Palm
Et Müngche vum
Dat Kenn vun de
Dä Hals vun de
B. Giffels
Meibachs Plünn
Frau Dönn
Frau Schmatz
Dat muß mer sin.
Für Klavier M. 1,— netto
" Streichorchester " 1,50 "
" Blasorchester " 1,50 "

Hm, hm, die jolde Zick, die kütt nit mieh
Hoffnung
Hurra, die Minna hat 'nen Mann gekriegt!

In ben 'nen ahle Kölsche, vun dem su jän mer sprich
Ich ben vun Kölle am Rhing
Ich blieve, wat ich ben . . . *1912*
Ich han dich am Sonndach mem Hermann jesin
Ich han dis Naach vun Jeld jedräump
Ich trinke auf dein Wohl, mein Schatz . . . *1929*

Ja, ja, ich weiß was von dir . . . *1935*
Ja, meine Mathilde, die ist im Bilde
Ja, wat hät hä dann un wat well hä dann . . . *1928*
Jedes Kind en Kölle kennt dä schöne Fädenand . . . *1925*
Jet vum Bier . . . *1914*
Jetz hät dat Schmitze Billa en Poppelsdorf en Villa . . . *1913*
Jim, wat häs do för e Bötzje an! . . . *1919*
Jo, nohm Düxer Schötzefeß, do loß mer jon . . . *1899*

Kellner! Hier, hier! Noch ein Glas Bier . . . *vor 1918*
Kölsch Zaldate-Leed . . . *1914*
Kölsche Boor, do ließ dich kamesöle . . . *1915*
Kölsche Mädcher, künne bütze . . . *1924*
Komm, komm, du Winzerin, Mädel, komm,
schenk ein . . . *1935*
Künnte mer nit e Milliönche han . . . *1920*
Kutt erop! . . . *1926*

Laach-Leed . . . *1912*
Lißje, met dem wölle Schnüßje . . . *1911*
Loß mer ens zeije Mann för Mann . . . *1914*

Mädel, Mädel komm mit mir . . . *1932*
Madeirafahrt . . . *1936*

Malche, ach Malche, mach bloß kein Sätz
Mama, Mama, unse Heinemann . . . *1928*
Marie, schepp noch jet mieh . . . *1916*
Meinste, dat deit die nit? Die deit dat!
Mer han e Los vum Amtenbrink . . . *1935*
Minge Wunsch . . . *1917*
Mimmi, ich weiß was von dir . . . *vor 1924*

Nä, ich mag dich nit mieh, un ich well dich
nit mieh . . . *1930*
Ne jode Rot

Ober, schnell noch eine Runde her! . . . *1928*
Och, dann freut sich die Mama . . . *1929*
Och, wat wor dat fröher schön doch en Colonia . . . *1930*
O jömmich, wat han se dem Hermann jedon . . . *1908*
O Marie! Ach, komm mit mir zum Standesamt
O Rheinland, wie bist du so schön . . . *vor 1914*

Paula, komm, jib dem Onkel e Küßje . . . *vor 1918*
Pingswedder

Rheinische Lieder, schöne Frau'n beim Wein . . . *1928*
Rheinländer . . . *1915*
Rötsch mer jet, Angenies . . . *1929*

Schrumm! Allt widder en Fleech kapott
Su es et!
Su schön wie augenbleckIich . . . *1933*
Sechs Paar Stivvele . . . *1912*

Uns kann nix mieh passiere . . . *1934*

Vörsich . . . *1916*
Vun wäje zo fett jekoch . . . *1908*

Kut erop!
Kut erop!
Kut erop!
Kölner Lied
von
Willi Ostermann

Griet', komm, loß dä ganze Brassel ston, komm, mer müsse noh d'r Pressa gon!
Pressa-Lied von
WILLI OSTERMANN

Wä hätt' dat vun der Tant jedaach . . . *1908*
Wäje de Zimmermanns trecke mer nit us . . . *1920*
Wammer vörnehm weed
Wann ich su an ming Heimat denke . . . *1936*
Wann mer fuffzehn Kinder hät
Wann mer op der Huhstroß spazierc jcit . . . *1908*
Wat litt dann an zehndausend Daler . . . *um 1923*
Wat sumb dat, wat brumb dat . . . *1925*
Wat well die Mösch bei uns he en der Köch . . . *1931*
Wenn die Lieb' nicht wär'
Wenn du eine Schwiegermutter hast . . . *1928*
Wenn du wüßtest, mein Kind . . . *1928*
Wenn ich doch bloß 'ne Schnäuzer hätt . . . *vor 1924*
Wenn in Colonia der Karneval beginnt . . . *1914*
Wer nie e kölsch Jlas Wieß – un dann e Schnettche Kies
Wir Männer führen die Regie, wir auch . . . *vor 1918*
Woröm solle mer allt en de Heia jon . . . *1925*

Im Archiv der Willi Ostermann-Gesellschaft befinden sich in einer original Handschrift noch folgende bisher unveröffentlichte Titel:

So ist England
Wem Gott ein Amt giebt, giebt er auch Verstand
Weihnachts-Geschenke
Aber sonst
Mir ist alles gleich
Im Frühling, Sommer, Herbst und Winter
Teufels-Traum

Über den Autor: Hans Willi Krupp wurde am 23. September 1924 in Köln geboren. Nach Abitur 1943 Kriegsteilnahme, mehrmals verwundet; amerikanische Kriegsgefangenschaft bis 1947. Von 1948 - 1954 freier Journalist in Köln. 1955 - 1966 Redakteur bei NEUE Illustrierte Köln und BUNTE Illustrierte Offenburg. Danach freier Mitarbeiter bei Zeitungen, Magazinen, Funk und Fernsehen. Kulturgeschichtliche Liederfilme vom Vagantenlied bis zum Bänkelsang, Volks-, Soldaten-, Seemanns-, Arbeits-Lieder. Fernseh-Feuilletons über Kölner Stadtgeschichte, Dokumentarfilme für die historischen Archive der Stadt Köln. Ab 1976 ständige kölsche Mundartkolumne „Schäng" im Kölner Stadt-Anzeiger.

Nach dem Tode von Hans W. Krupp im Jahre 1992 hat sich seine Frau Anne seines Werkes angenommen und u. a. diese Willi-Ostermann-Biographie neu herausgegeben.

Bilder:
Amt des Stadtkonservators, Köln, S. 23; Historisches Archiv der Stadt Köln S. 13, 19, 31, 34, 38, 45 (r.), 49, 53, 54, 65, 70, 73, 77, 79, 81, 85, 93, 96, 97, 99, 102 (u.), 106; Ines Kaiser, Bergisch Gladbach, S. 108; Alfred Koch, Köln, S. 89 (o.); Personenstandsarchiv Rheinland, Brühl, S. 20; Rheinisches Bild-Archiv, Köln, S. 24, 45 (l.), 61; Sammlung Reinold Louis, Köln, S. 50, 88 (o.), 89 (u.), 102 (o.); Sammlung Reinold Louis der Kreissparkasse Köln, Köln, S. 69, 121, 123 (u.), 124, 125, 126; Schwalge / Holubovsky, Köln, S. 103, 104; Willi Ostermann-Gesellschaft, Köln, Frontispiz, S. 11, 14, 28, 41, 42, 46, 48, 57, 74, 80, 83, 86, 88 (u.), 91, 95, 100, 112, 119, 120, 122, 123 (o.)

Für die Unterstützung der Publikation durch die „Freunde und Förderer des Kölnischen Brauchtums e.V." danken wir herzlich.

Redaktion: Kirsten Diederichs
Gestaltung: Julia Schäfer
Lektorat: Hackethal & Partner Print Design, Brühl
Gesamtherstellung: WIENAND.

ISBN 3-87909-432-2